# 女人别输在不懂说话上

会说话的女人最强大，会说话的女人最受欢迎

诸琳　高超◎编著

天津出版传媒集团

天津人民出版社

**图书在版编目（CIP）数据**

女人别输在不懂说话上／诸琳，高超编著．—天津：天津人民出版社，2014.2（2019.6重印）

ISBN 978-7-201-08546-3

Ⅰ.①女… Ⅱ.①诸… ②高… Ⅲ.①女性—口才学—通俗读物 Ⅳ.①H019-49

中国版本图书馆 CIP 数据核字（2013）第 312215 号

天津人民出版社出版

出版人：刘　庆

（天津市西康路35号　邮政编码：300051）

邮购部电话：（022）23332469

网址：http://www.tjrmcbs.com

电子信箱：tjrmcbs@126.com

河北盛世彩捷印刷有限公司　新华书店经销

2014年2月第1版　2019年6月第3次印刷

690×980 毫米　16 开本　16.5 印张

字数：210千字

定价：29.90元

# 前　言

随着社会的发展，越来越多的女人由幕后走上了台前，向世人展示自己的智慧、美丽和气度，变得像太阳一样耀眼。然而，更多的女人仍然在背后默默地奉献着，始终像一颗星星一样，只能在夜空中发出黯淡的光芒。

同样是女人，为什么会有如此大的区别呢？这其中的原因之一就体现在说话上。或许有些女人会一挑细眉说："说话谁不会啊？不就是上嘴唇一碰下嘴唇吗？"能说出这样的话来，可见这个人一定"不会说话"，因为说话还真不是"上嘴唇一碰下嘴唇"这么简单。

说话，是人类有别于其他动物的标志之一，也是人们最重要的交际工具之一。人们通过说话来表达自己、表现自己。散文家朱自清先生曾经说过："人生不外言动，除了动就只有言。所谓人情世故，更是一半都在说话里。"这句话充分地说明了"说话"对于人生的重要性。

然而说话并不如我们想象中那样简单，我们需要说得有水平、有效果，还要能说得漂亮、动听。就像生活中有些女人，她们在与人交谈时，有时候一句话就抓住了对方，让对方愿意听，乐意说；或者一下子就征服对方，使对方对自己产生特别的好感。对于她们而言，语言成为了一个有力的工具，成为她们通向成功之路的阶梯。

我们在与人交谈时，有时可能会出现"话不投机半句多"的情况；而如果说话投缘的话，又会出现"言逢知己千句少"的兴奋……无论上述哪种情况出现都说明：我们在交际中是有问题的，所以才无法在彼此之间搭起一架绚丽的彩桥，无法与人进行心灵与心灵的沟通。每当这个时候，懂得说话、会说话的女人就会在这个方面显示出自己的优势，在与人沟通、交流等方面取得更大的胜利。

如果新时代的女性们还不懂得说话的技巧的话，就逃不过"物竞天择，适者生存"的法则，只能被社会淘汰掉。唯有懂得说话的女人才会把一件平淡的事情说得妙趣横生，才会把几件错综复杂的事情用几句话就清楚地表述了出来，才会把一句枯奥、难懂的诗句用美丽的白话文说出来，也才会让自己说的话成为济世救人的良药……

所以说，懂说话、会说话，是一个女人的优雅和美的展示，是一个女人气质的体现。女性文雅的谈吐集学问、修养、聪明、才智于一体，是她自身魅力的来源之一。因此，女性要全面提高自己的谈吐修养，锻炼自己的说话技能，让自己说出的话能够打动人心，使自己更富有个性魅力。

这也是编者编著《女人别输在不懂说话上》一书的主要目的和意图。这本书共有九章，每章又有若干小节，分别就生活、婚姻、交际、事业等方面谈论了女人在说话时应当注意和规避的几个问题，也就这些问题提出了一些解决方案和应对措施。总而言之，该书语言流畅、案例鲜明、技巧性强，是一本实用性非常强的书籍。

女人如果不想自己的人生输在说话上，不想自己被淹没在时光的洪流中，不想自己一直默默无闻于幕后，就要开始学习说话，慢慢学会说话，最后懂得说话。我们真心希望本书能够为你答疑解惑，能够帮助你为自己开拓出更加辉煌的未来！

# 目 录
## CONTENTS

## 【第三章】 避免"毒舌",别让自己输在一张嘴上

## 【第四章】 幽默的女人不会让"玩笑"变"可笑"

## 【第九章】 拥有好口才的女人，事业成就在巧言慧语间

# 【第一章】
# "能"说"会"道的女人惹人爱

会说话的女人所说出的话，让人听了如沐春风；懂得说话的女人能让批评也变得悦耳；懂得说话的女人知道什么时候该温柔婉转，什么时候要仗义执言；懂得说话的女人面对不同的人，会用不同的说话技巧和策略；懂得说话的女人能够适时地转变话题、调节气氛，以免冷场。懂得说话的女人不仅会说，而且也善于倾听……

# "能"说"会"道的女人
# 更容易获得幸福

经常听到有人说："女人能顶半边天。"在当今社会，女人的地位变得越来越重要，越来越多的女人走出了家庭，摆脱了婚姻的限制，在学业和事业上崭露头角，甚至有超越男人的可能。女人的地位不断上升，是不是也代表着更多的女人都能够享受幸福的人生呢？

可是，事实总是与理想有一定的差距，并不是所有事业有成或者是长相漂亮的女人都能获得幸福。社会学家们研究发现，生活中过得幸福的女人不一定事业有成，不一定长相漂亮，也不一定非常聪明；但是，令人惊奇的是，她们往往都是"能说会道"的人。这里的能说会道并不是指女人像个机关枪一样说个不停，而是指她们舌灿莲花，能够把话说到点子上，让人听到她们的谈话就会心情愉悦。

这是因为，无论什么时候，文明的举止、渊博的知识、良好的修养、优雅的谈吐、不凡的表达，都可以让一个女人活得足够幸福。无数的名人事迹证明：一个女人如果拥有好的口才，她在人生道路上会走得更加顺畅。

曾经在一场"香港小姐"的决赛中，主持人问入围的一位佳丽："假如要你在肖邦和希特勒这两个人中选择一个作为你的终身伴侣，你会选谁？"这时的比赛已经进入了白热化阶段，而这个选手在前面的环节中得分一般，她也不是众多"香港小姐"中最漂亮的，所以，这个问题能否回答好对这个女选手的比赛结果至关重要。

这位入围的小姐心想：如果选择了肖邦，就会落入俗套，显示不出自己有什么与众不同的地方；但是如果选择希特勒，回答不慎的话就有可能会招人批评甚至谩骂。沉吟片刻后，这位聪明的小姐果断地回答道："我会选择希特勒。"主持人和台下的观众都感到很惊愕，追问为什么，这位小姐巧妙地解释说："我希望自己能感化希特勒。如果我嫁给他，也许第二次世界大战就不会发生，也不会死那么多人了。"

这种机智聪慧的回答，让尴尬的状况一下子扭转过来，前景变得柳暗花明。这位香港小姐不但使自己摆脱了困境，更暗示了自己是一个不同凡响的女中豪杰。果然，此言一出，台下掌声雷动。虽然这位小姐不是台上所有的佳丽中最具姿色的，也不是最有气质的，但是她所获得的掌声肯定是其他人不能比拟的。而这，就是一个会说话的女人所拥有的魔力。

俗话说："一句话让人笑，一句话也让人闹。"简单的一句话有无穷的力量，甚至会影响到一个人以后的生活。一般的女人往往容易忽视口才的重要性，但聪明的女人却不一样，她们不仅注重穿衣打扮，更注重的是如何提升自己的口才。因此，为了家庭的和谐、婚姻的美满、人生的幸福，女人们都应该学会说话，用语言来营造属于自己的幸福生活。

小倩跟丈夫结婚有10年了，他们的婚姻生活还是和刚结婚时一样甜蜜，这很大程度上就是因为小倩有一张舌绽莲花的巧嘴。

刚结婚时，因为从单身女生变为已婚妇女，这让小倩每天的生活发生了重大变化。为此，小倩每天忙得天旋地转，但还是感到力不从心，而脾气也一改以往的温柔，开始与丈夫激烈争吵。不过她也逐渐认识到，吵架并不能解决问题，反而会让他们的关系更加紧张。于是，小倩慢慢地学会了压制自己的怒火，开始学习"说话的艺术"，打算用语言的魅力来征服生活中的磨难。

此后，小倩再有什么事情时，都会用温婉的态度、询问的语气来和丈夫商量；当丈夫在工作上遇到什么困难时，小倩会及时鼓励他，并帮助丈夫一起寻找解决办法；小倩还经常和丈夫谈心，知道丈夫在想些什么，也借此来让丈夫了解自己的想法。说话时，小倩用询问的语气来说，这会让丈夫感觉自己很受尊重。他们二人之间的互动、关怀一直持续到了现在，这也使得他们的婚姻一直甜蜜如昔。

小倩婚姻生活幸福甜蜜的秘笈之一就是因为她非常会说话，懂得沟通对于婚姻的重要性。生活中，一句无心之言就可能在别人的心底埋下一颗隐患的种子，如果我们不注意自己的措辞，不小心种下了这颗种子，那么等到这颗种子生根、发芽、生长，我们与对方的关系就越来越远。

所以，女人可以生得不漂亮，也可以没那么聪明……但是，一定要把话说得得体，因为只有会说话的女人才更容易获得成功的事业、幸福的生活。

**1. 把话说得漂亮的女人更美丽。**

这样的女人往往蕙质兰心，知道别人喜欢什么、厌恶什么。这样的女人一般都有比较温和的气质，会让身边的人感觉到如沐春风般的温暖，她们能够在别人痛苦失落的时候及时给予安慰，也比较容易能获得别人的喜爱和欣赏。

**2.把话说得漂亮的女人更幸运。**

说话得体的女人较其他女人更容易得到命运之神的眷顾，她们在日常交谈中，会用得体的语言给身边的人留下一个好印象，在无形中为自己拓展了许多人脉。所以，当危机来临时，这样的女人往往能得到更多"贵人"的相助。

总之，会说话的女人不仅能妥善地处理好自己的工作，也能经营好自己的婚姻和家庭，不会让这三者之间的关系因为不平衡而影响到自己的幸福。所以，要想拥有幸福，女人就一定要学会漂亮地说话，用自己的嘴为自己打造一个美丽人生。

# 得体的语言
# 能彰显女人的优雅

东汉时期有一位丞相夫人，她宽厚待人，从不对人发脾气，即使别人做错了事，她也只会温柔地指出错误或者帮别人改正错误。因此，丞相夫人是一位受人爱戴的人。

有一次，丞相夫人去参加一位官员的生日宴会。宴会上，丞相夫人与其他夫人聚在一起聊天，不时有笑声传出。这时，一位婢女端着菜汤经过她们身边，因为走路不稳，身子摇晃了一下，手一松就把汤碗弄翻了，而这碗汤正好洒在了丞相夫人的身上。

婢女吓坏了，慌忙认错，甚至哭了出来。宴会的女主人非常生气，急忙呵斥这个婢女。丞相夫人却面带微笑地问道："你的手烫伤没有？"随后，丞相夫人又说："你本来是为了给我端汤，如果把你烫伤了我会非常过意不去的。"这个婢女听后很感动，其他夫人也十分佩服丞相夫人的涵养。丞相夫人再一次因为温和的性情、宽容的气度而受到了人们的尊敬。

对于高高在上的丞相夫人来说，她完全可以像其他夫人一样谩骂、惩罚婢女，没必要为她解围。但是，这样做虽然不会受到人们的指责，却也得不到别人的爱戴。"你的手烫伤没有"，这句话看似简单，却在恰当的时间把丞相夫人温和的性情、宽容的气度完美地表达了出来，显示了丞相夫人的宽容大度和优雅气质。

曾经有一位哲人说过："语言是最美的心灵导师。"优雅的女人应该学习丞相夫人说话的艺术，在合适的时间说合适的话，通过一言一行，把自己优雅的素质展现给大家。当然，这并不是要求女人在任何时候都要说好话，或者是说一些漂亮话，而是要说得体的话。或许有人会问：什么才是得体的话？我们又怎么知道我们说的话是得体的还是失礼的呢？

得体的话，说白了，就是在合适的场合对着合适的人说合适的话。得体的话，让听到的人和说出口的人都感到舒服，却又不会显得刻意、虚伪。譬如，女人都对自己的穿着和身材非常在意，但是又经常装作毫不在意。如果你能不经意间赞美一下她们的身材或者衣服，她们会非常高兴。你可以说一个肤色比较黑的女人健康、性感，但是你不能说她很白，否则只会适得其反；你也可以夸奖一个长得比较胖的女人丰满，但是你不能说她们身材很苗条，这一听就很虚假。

至于，如何才能得知我们说的话是得体的还是失礼的，这就要看对方的表情和反应。如果对方听了你的话后，开始慢慢地疏远你，你就要反省是不是自己说的话不得体，惹别人生气了。所以，女人不仅要懂得说话，还要学会察言观色，注意别人的一些小细节，才能让自己收获一个好人缘。

除此之外，女人要想说话得体，还应该知道一些最基本的常识：

**1.基本礼貌用语要坚持。**

生活中的女人经常会犯这样一个错误，觉得对方和自己很熟之后，就会忽略一些基本礼貌用语，例如"谢谢"、"对不起"等用语。无论别人与你的关系是近是远，该有的基本礼貌还是要有的。

**2.态度要端正，尽量做到喜怒不形于色。**

优雅的女人要学会控制自己的情绪，不让外在的事物轻易地影响到自己。这样的女人说出来的话往往更加令人信服，而且也有掌控大局的"霸气"。

**3.女人要说一些"善意的谎言"。**

优雅的女人会在必要的时候说一些善意的谎言，既给别人勇气和信心，也彰显了自己的智慧。有的女人可能会觉得谎言是丑陋的、不美好的，但是有时候谎言的存在就是为了遮蔽生活中的那些更加不美好的事情。所以，女人要懂得说一些善意的谎言，以便自己和别人的生活能够更加美好。

综上所述，女人在说话时应该考虑到周边的环境、周围人的心情和性格，选择别人能够接受的、与自己身份相符的话来说，才会在不伤害别人"玻璃心"的前提下做一个优雅的女人。

# 音色甜美，
# 把说话变成一门艺术

　　2011年热播的清宫连续剧《甄嬛传》受到了广大观众的热烈追捧，尤其是受众多女性的喜爱。这部电视剧像曹公的《红楼梦》一样，塑造了许多个性格迥异的女性。今天，我们就说一下里面不太为人喜爱的角色——安陵容。之所以在这本书中提到安陵容，是因为她说话时有一个特点——声音动听。

　　安陵容的家世不太好，人也不怎么漂亮，但是因为她音色甜美，受到了皇上的宠幸。由此可见，声音对一个女人来讲是非常重要的，在今天更是如此。因此，女人更应该想办法优化自己的声音，让别人喜欢听你讲话。

　　安安和露西是同一家通信公司的话务员，她们也是在同一时间被公司招来上班的。但是，过了三个月，安安已经从一名普通的话务员成为了一个小组的组长，但是露西还是在每天接电话、打电话。她们都是本科毕业，也同样的青春靓丽，但是为什么两个人的工作机遇差别这么大呢？

　　归根结底，就是因为两个人说话的音色不同。安安的普通话非常标准，而且声音清亮，吐字清晰，音调也是抑扬顿挫，听起来非常舒服，不会让人感到乏味。但是露西就不一样了，她的普通话虽然也比较标准，但是声音却总是软绵绵的，音调比较低，而且语速很慢，尤其喜欢在尾音那里拖一下。这让顾客感到着急，没有耐心听下去。

安安和露西之所以在同样的工作岗位上取得不一样的成就，最大的原因就是因为他们两个人的声音不同。或许有人会怀疑，声音真的那么重要吗？是的，社会学家们的研究表明，女人说话时的声音是否动听，对听众产生的影响很重要。如果女人的声音婉转动听，像黄鹂鸟的鸣叫声一样清脆、可人，听众肯定乐意多听一会儿。

所以，聪明的女人们懂得调整和优化自己说话的音色和语调，让别人乐意听她说话，让别人体会到她说话的魅力。其实，要想声音动听并不难，虽然先天的条件很重要，但是这并不是无法改变的，我们可以通过后天的锻炼来弥补先天音色上的不足。

卫华是一个话剧演员，她非常喜爱这个职业，也为此做出了很多努力。但是因为她的嗓音条件不是很好，说话时声音比较粗哑，没有女子的那种婉转、动听，因此，她在话剧社一直没有出色的表现。卫华很着急，就去找一位声乐老师帮忙。

声乐老师跟卫华讲了很多，告诉她在什么样的情况下用什么样的音调、语气说话。卫华还听从老师的话，每天清晨去树林里或者小河边，听着大自然的声音来吊嗓子，尽量让自己的嗓子受到自然的熏陶，让自己的声音变得清亮起来。"皇天不负苦心人"，卫华渐渐能够掌控自己的声音了，他甚至还能模仿大自然的种种声音：风声、鸟鸣、树叶的"沙沙"声……这也让卫华在话剧界崭露头角，渐渐地成为了一名话剧大师。

从这个故事中，我们可以看到声音是否优美动听对女人的工作和生活有非常重要的影响。在世人的印象中，说起迷人的女人，除了她们美丽的容貌、柔软的身姿外，肯定还会有温柔、动听的声音。所以，如果一个女人的声音不好听，那么就要想办法通过后天的锻炼来弥补，千万别让自己的声音逊于其他女人。

既然说到了声音是可以后天锻炼的，那么都有哪些要求呢?

**1. 吐字清晰是首要的条件。**

一个人无论做什么工作，无论长得是美是丑，每天都会与不同的人打交道。如果我们吐字不清晰，就算长相漂亮一点儿，也没有人愿意跟你说话。而且，吐字不清晰的女人往往气质都不会很好，给人一种胆小、怯懦的感觉。只有吐字清晰的人才会让人看起来落落大方，像一个大家闺秀一样端庄优雅。

**2. 精神饱满是重要因素。**

男人喜欢女人温柔娇弱，但是不喜欢女人说起话来毫无生气。如果一个女人说话毫无生气，会无形中传递出一种负能量，这种负能量会让听众感到不舒服。这时，无论这个女人的妆容有多么的精致，都没人愿意听她讲话。

**3. 音调抑扬顿挫，有高低、快慢之分。**

女人说话时的音调应该有高低起伏的变化，这样才会让听众感到愉快和自然。有的女人声音比较尖锐，说话时的音调一直很高，长时间地说话会让听众感觉到刺耳；有的女人声音比较平，没有什么高低起伏的变化，这样的声音会让人感觉平淡无华，听久了甚至会想睡觉。其实，女人在说话时就应该像给孩子们讲故事一样，有高低起伏的变化，节奏或快或慢，这样才能让听众们像听故事一样听得津津有味。

此外，女人们还要注意不要发出一些令人不适的语调。譬如，有些女人说话时，有时带有傲慢、蔑视的语调，这会让听众感觉自己不受尊重，自然也不会好脾气地听你说话。

　　由此可知，音色在女人说话中起着非常重要的作用。女人如果在说话时真的做到了以上几点，那么就不会出现别人不爱听你讲话的现象了，而会有更好的人缘。

# 女人会说话的
# 最高境界是懂得倾听

在生活和工作中，我们羡慕、欣赏那些能言善辩、侃侃而谈的女人，也希望自己能够像她们一样。可是，我们却常常忘记了倾听。倾听，是双方进行有效沟通的必要手段，但是倾听并非像我们以为的那样，只是一个人在单纯地用耳朵听，而另一个人在不停地用嘴说。倾听需要倾听的人全身心地去感受，感受对方在谈话过程中表达的言语信息和非言语信息。

然而，人们最常见的是唠唠叨叨说个不停的女人，或者是牙尖嘴利、咄咄逼人的女人，曾经有一位作家把她们形容为"鸭子"，说那"就好像有一千只鸭子在叫"。为什么人们很少能看到安安静静坐下来听别人说话的女人呢？这其中最大的原因就是，人们总是偏爱身边那些能说会道的人，而忽略那些沉默寡言的人。在大部分人的认知里，能说会道的女人都是聪明的，有精气神儿的。譬如，在找工作时，很多招聘人都会看重面试者的说话能力，即使在相亲找对象时也牵扯到"这个人能不能说"之类的问题。种种原因造就了女人们的"能说会道"。

可是，现在看来，能说会道的女人虽然受人偏爱，但是懂得在适当的场合保持沉默的女人更加容易受到别人的尊重和欢迎。有句话说：

"物以稀为贵。"在众多"合不拢嘴"的女人中，懂得倾听的女人有时更有魅力。

李婉茹是一个非常安静的女子，她跟别人交谈时喜欢听别人说话，自己却不怎么说话。令人意外的是，李婉茹有很多善于交际和说话的好朋友，这也让李婉茹身边的人感到非常不理解。其实，原因很简单，就是她善于倾听。

有一次，李婉茹受邀参加一个关于动物保护研究的宴会。会上有很多人都热爱动物，而且对动物保护方面都有一定的研究。李婉茹对这方面了解得并不多，但是她非常感兴趣，故而在那些人侃侃而谈时，李婉茹都在非常认真地倾听，并时不时地附和几声。等到宴会结束时，李婉茹收到了几个人的邀请，请她参加下一次的聚会，甚至还有人夸赞她是一个"极富鼓励性"的人，是一个优雅的女人。

在动物保护方面，李婉茹是一个知识非常匮乏的人，因此在宴会上没有怎么讲话。但是，就是因为她懂得倾听，就交到了很多朋友。由此，我们知道，会说话的女人固然受人欢迎，但有的时候，懂得倾听的女人才更加受人喜爱。

在现今的社会，懂得倾听的人越来越少了。许多人都在参加各种演讲补习班，希望自己变得越来越能说，希望能够凭借自己的"三寸不烂之舌"让生活越来越好。当我们在与人交谈时，一般都会恭维别人一番，但有的时候，与"说"相比，人们更加需要的往往是"听"。对有些人而言，倾听，才是对他们最好的恭维。如果有人在仔细地、安静地听我们讲话，一直对我们的讲话保持着浓厚的兴趣，我们才有更大的动力维持这场谈话。

阿莲是一个能说会道的女人，她能言善辩、随机应变的能力经常让旁人为之折服。但是，很不幸的是，阿莲的朋友非常少，她自己也非常困惑。后来，经过别人的仔细分析，阿莲才发现导致她没有朋友的罪魁祸首竟然是因为自己"太能说"。

阿莲很能说，随便拉个人都能跟他们像老朋友一样说大半天，但是阿莲"太"能说，经常是一说话就"刹不住车"，自己一个人说个不停，别人都没有办法说一句话。即使别人本来有话要说，也因为阿莲"太"能说而插不进一句话。此外，阿莲虽然能说，但都是一些家长里短的废话，别人听了半天也没有从中收获到什么，而且还浪费了时间。长此以往，自然就没有人愿意听她讲话了。

生活中，有一群像阿莲一样的女人，她们在讲话的时候，并不关心听众是否喜欢，听众是否对这个话题感到无聊。她们只是一味地在讲自己感兴趣的事情，或者完全依靠自己的思维方式来表达，发泄自己想要说话的欲望。整个过程，始终是她一个人在说话，这当然是个大忌讳。

总而言之，女人要想让自己成为一个受欢迎的人，除了要懂得说话的技巧外，还应该学会倾听。在与一些固执的、难以沟通的批评者交流时，尤其要学会倾听。柔能克刚，在这些强硬者面前，女人的柔弱往往能够轻松地融化别人的内心，使这些强硬者的态度软化。

# 懂得说话的女人
# 会是别人的主宰

在网络上看过一则关于"御姐"和"萝莉"的笑谈，是这样说的：同样是给自己的男朋友打电话，御姐会说："××，晚上6点我会在电影院门口等你，如果你来了我还没来，那你就等着吧！如果我来了你还没来，那你就等着吧！"而萝莉却会说："亲爱的，我今天晚上6点在电影院门口等你。不要迟到哟，你一定不舍得让我在寒风中等你吧？你也不要来早了哟，不然我会心疼你的。"

如果换你是男人，你会选择御姐做女朋友，还是选择萝莉呢？或许有人会说："青菜萝卜，各有所爱。"但是，经过仔细调查就会发现，男人们大都会选择萝莉做自己的女朋友，因为她们娇小可人，不会指手画脚。如果男人选择了御姐，说不定就得任她们摆布了。

其实，真正聪明、懂得说话的女人，并不是御姐类型，恰恰是萝莉类型，而真正能够掌控别人的也恰恰是萝莉。御姐虽然是命令的口吻，但是真正按照她们说的办的并没有几个，大部分的男人甚至表示反感，觉得自己的自由受到了限制。而萝莉呢，虽然看似娇小，实则非常强大，用撒娇的口吻跟你说话，却能够在不动声色中牵着你的鼻子走，还让你甘之如饴。

叶子看中了一套房子，觉得挺好的，就希望把这座房子租下来。但是她现在可用的钱并不是很充足，而且她还听别人说房东是一个很难缠的人，想让房东把房租降下来很难。但是，叶子还是约见了房东，希望能跟对方好好谈谈。

当天，叶子很早就来到了房子前等着房东。等房东来了后，叶子并没有马上说房租的事情，而是和房东一起边看房子边聊天："您家的这个房子真的很不错，周边环境好，内部装修的也不错，光线也很足。您当时挑房子的时候眼光真好！"

房东听后很高兴，心想：这房子当然好了！想当初，我可是跑了很多家房地产公司才看中的房子，最后为了好好装修一番，我还借了一笔钱。于是，房东开心地说道："既然你很喜欢，说明你和房子有缘，也希望你在这儿住得愉快。"

这时，叶子欲言又止，为难道："我也是这么想的，不过……"房东问："怎么了？房子有问题？""哦，不是。是我现在没有那么多钱，只能租住2个月。"叶子解释道。房东听后就说："我还以为是什么问题呢。之前也有人来看房，他们为了让我减租金，就千方百计挑房子的毛病，这让我很生气。你这样的性格我反倒喜欢。这样吧，给你降低一些价格，你看怎么样？"

叶子听后，觉得那个价格自己现在可以接受，于是就愉快地和房东签订了合同。房东离开的时候甚至还非常高兴地说："有什么事尽管打电话。"

如果叶子不是这么会说话，那么房东就不会按照她的想法降低房租租给她，而是产生另外两个结果：一是房子按照原价出租；二是叶子不租这家的房子，再换一家。但是，这两个选项无论选择哪个，都不是最佳的。

由此可知，"会"说话的人并不是只要能够口若悬河、旁征博引就可以了，而是要让自己说出口的话能起到一定的效果和作用，让自己说出的话有人听、有人信、有人照着做，让自己成为别人的主宰。

古时候有一个小国，这个国家的君主刚刚逝世，小王子还很年幼，于是就由王后暂时代理朝政。周边的大国看到是一个女人在管理国家，都对它虎视眈眈，希望能够把它纳入到自己的版图之中。

王后听到这个消息后，就决定去会见兵力最强盛的国家的国王，希望能够打消对方攻打小国的念头。见到大国国王后，小国王后温和却又不失身份地说道："尊敬的国王，我听说你们计划攻打我们国家，是这样吗？但是恕我直言，如果我的丈夫还在世的话，您确实可以攻打我们的国家，但是他现在去世了，您就不能攻打我们国家了。因为现在由我一个寡妇在代理朝政，您这样的大国自然不会对着一个孤儿寡母的小国出手，否则就是胜之不武。退一万步讲，假如您不在乎名声，硬要攻打我们国家，我也不会临阵脱逃，而是会像女将花木兰一样誓死迎战。如果我赢了，人们会说您堂堂大国的国王输给了一个女人；如果我输了也不要紧，人们会认为你只是在欺负一个寡妇而已。"

这个大国的国王听完这番论述后，震惊不已。看着小国王后不卑不亢的表情，大国国王非常佩服她，不仅取消了攻打小国的念头，还派兵驻防小国，防止其他国家攻打它。

小国王后用"晓之以理，动之以情"的方法说服了大国，不仅让大国取消了攻打自己国家的念头，还为自己国家寻来了庇护。由此看来，话说得好，也可以成为所向披靡的武器。那么，会说话的女人，究竟应该怎么说话，才能让自己成为别人的主宰呢？

**1. 对不同的人，采用不同的说话方式。**

聪明的女人会把握对方的特性，然后按照他的性格来说话，将对方引入到一个"圈套"中，让对方在不知不觉中按着你的意思来做事。

**2. 不要用命令的口吻来说。**

没有人喜欢听命令式的话语，直接用命令的口吻来说只会让别人更加反感。懂得说话的女人从来不会用命令的口吻告诉别人"你应该怎么做"，而是"建议他们怎么做"。

不过要注意的是，不管说什么话、对谁说，我们都得把话说到点子上。因为没有人喜欢一说话就滔滔不绝的人，也没有人愿意相信和尊重这种女人的意见。

# 用语言来慰藉他人，
# 体现女性美

〰〰〰

形容一个女人如何漂亮时，我们经常会说她"有一头乌黑的长发"，皮肤像"凝脂"一样光滑……而张爱玲却在小说《白玫瑰红玫瑰》中，描述了这样一种女人的美丽——她们没有倾国倾城的容颜，不会撒娇、发嗲，也没有玲珑有致的身材，但是她们还是会受到别人的喜爱和夸赞。究其原因，就是因为她们懂得说话，知道用语言来激励、安慰别人，能让别人感受到一种独特的女性美。

然而，在当今社会，我们在大街上、公交车上，甚至是工作中，都会碰见越来越多的"泼辣"女人。她们说话时口无遮拦，想到什么就说什么；甚至有些女人还专门在别人失落、难过的时候说一些讽刺的话，或是对着别人冷嘲热讽。试问，这样的女人又怎么能让人喜欢呢？一个善良的、懂得安慰人的女人，才能赢得他人的好感。

小丽是一家律师事务所的秘书，因为她为人温柔细心，非常懂得如何说话，经常能让暴躁、难过的客户静下心来，所以她很受老板的欣赏，被安排接待事务所的客户。

有一次，一位姓杨的女士来事务所咨询问题。这位杨女士来的时候精神萎靡，眼睛肿胀着。小丽询问一番才知道杨女士遇到了难事。

原来，杨女士在20年前跟丈夫一起创业，共同经历了许多风雨，现在丈夫却嫌弃她人老珠黄，要与她离婚。

小丽听后，看杨女士哭得伤心，就说："大姐，你不必如此难过。老话说得好，'男怕干错行，女怕嫁错郎'，如果婚姻不幸福，作为女人，我们也应该勇敢地去追寻自己的幸福。"后来，小丽就又跟她讲了其他人的故事，让杨女士知道"原来她并不是最痛苦的那个"。杨女士的心情变好了一些，她们不久就成了忘年"姐妹淘"。

小丽在杨女士痛苦的时候及时地给予了安慰，帮助杨女士从痛苦中走出来。假如，小丽没有安慰杨女士，而是说一些暗讽的话，那么杨女士肯定会更加难过，说不定还会觉得小丽落井下石，心里难免会产生芥蒂。那样，就算杨女士仍然委托小丽所在的事务所打官司，但肯定会对事务所有意见，双方的合作关系从一开始想必就不那么融洽。

人生不如意事十之八九，遇到困难的时候，人的内心非常脆弱，这时候就非常需要别人给予安慰。因此，如果看到悲观者和不幸者，我们要尽可能地帮助他们。一句简单的话语，可能就会给他们带去莫大的安慰，会带给他们雪中送炭般的温暖。

我国著名的作家史铁生在20岁左右的年纪身患疾病，最后双腿瘫痪，不得不与轮椅做伴儿。在刚开始的那段日子里，因为病痛的折磨和身体的残疾，史铁生感到非常难过，他经常抱怨上天的不公，每天都在怨恨中度过，甚至还把对命运的那种怨恨发泄到母亲身上来。他的母亲并没有怪他，而是不断地鼓励他、安慰他，告诉他"生命总是多灾多难的，人要懂得忍耐，包容"。

史铁生的母亲每天除了陪着他锻炼身体，鼓励他勇敢地面对生活外，还鼓励他认真写作，让他感受文学世界的美好。最终，史铁生终于从绝望和痛苦中走了出来，也因为写了一些文章而获得了名气。但是等到他终于明白母亲的良苦用心时，这位伟大的母亲已经离世了。史铁生写了一篇散文《我的地坛》，藉此怀念自己的母亲。

俗话说："每个成功男人的背后都站着一个女人。"如果史铁生的母亲没有用言语、行动来安慰、激励他，那么他就很难有勇气从沮丧、痛苦中走出来，我们也就不可能看到那些优美动人的文章了。

当别人面临痛苦时，女人可以用言语及时地给予他们安慰，让他们知道你并没有放弃他们，而是始终在关注着他们，让他们的精神和灵魂不再孤单。我们说的言语上的慰藉并不是指单纯地说一堆好话，而是要在不同的情况下给予不同的安慰。这就需要女人在说话时掌握一定技巧，才能让安慰更加有效。

**1. 听比说更重要。**

遇到不顺心的事，人们喜欢向别人倾诉，这样才有一个出气口，让痛苦减缓。这时候，懂得说话的女人应该学会倾听，学会用自己的眼、耳和心去听对方的心声，让他知道你在关注他。

**2. 要把握好时机。**

怎样安慰他人是一门高深的学问，有些女人只图一时之快，很容易说出让自己后悔的话。这样不仅安慰不了别人，还可能与别人结怨，起到反作用。因此，懂得说话的女人应该懂得在适当的时机，说合适的话。

**3. 适时地哭泣也是一种安慰。**

当朋友、家人陷于情绪或身体的痛苦之中时，最佳的安慰方法并不是告诉他们"你应该觉得……"或"你不应该觉得……"而是应该允许对方哭泣，让他们可以将情绪"毒素"排出体外。所以，当别人情绪低落时，女人应该想办法让别人把自己的郁闷情绪发泄出来，而不是压抑在心中。

**4. 安慰他人需要感同身受。**

安慰别人不是判断他的对与错，也不需要用"同意"或"反对"来表达关心，而是应该给予别人一定的空间去做自己喜欢的事情。如果我们对别人的遭遇感同身受，这种表现，就是给予他们最好的安慰。

总之，懂得说话的女人会在别人处于低潮时给予及时的鼓励和适当的语言安慰，让他们能够更好更快的从忧郁中脱离出来，积极地面对困境。当然，聪明的女人还应该明白这样的道理：当我们帮助别人度过艰难的岁月时，不要"恃宠而骄"，更不要觉得别人亏欠我们什么，而是应该始终以一颗平常心去对待人和事。

# 聪明的女人会说
# "善意的谎言"

一提起"谎言"，人们对它的第一反应就是讨厌，同时对说谎的人也不会有很好的态度。其实，谎言之所以让人们厌恶和憎恨，就是因为没有人愿意自己被欺骗，没有人希望自己的生活充满了虚伪的谎言。

虽然谎言是如此的不讨喜，但是在一些特殊情况下，有智慧的女人会用到一种特别的谎言来带给人希望和正能量，既能掩饰一些不必要的尴尬，也可以用谎言来弥补过错，还可以借此来带给别人安慰，拯救别人绝望的心灵，而这种"谎言"就是——善意的谎言。

因此，善意的谎言虽然也是一种欺骗，但是它的出发点是积极的，所造成的影响往往也是人们希望看到的。在生活、工作和人际交往中，懂得说话的女人都明白"善意的谎言"所带来的效用，也都明白在什么情况下使用这种谎言，让自己的收益最大。

一个聪明的女人，在必要的时候会说一些善意的谎言，这不仅能够掩饰尴尬、还能在保持自我尊严的情况下顾全别人的面子，创造一个良好的交际氛围。

一个寒冷的夜晚，华特太太正打算关上她的门店回家。突然，一个穿着破烂、脸色苍白的年轻人闯了进来，递上50美元，说要一个汉堡和一杯热牛奶。

在接过钞票的一瞬间，华特太太就断定那是张假钞，可她什么也没说，只是看了年轻人一眼。年轻人低垂着头，一副穷困潦倒的模样。华特太太不动声色地问道："能换一张吗？"

年轻人一听到这话就开始紧张慌乱起来，头垂得更低了，他嗫嚅了半天才说："没有了，太太，我……很饿，我需要一个汉堡，我一整天都没有吃东西了。"华特太太觉得这是一个还没有完全丧失羞耻感的孩子，她知道，对于这样的孩子，也许一块面包的温暖远比一声呵斥更有震撼力。于是，华特太太不再迟疑，马上找零钱。

年轻人买好东西计划离开时，突然听到华特太太大叫一声，然后就看到华特太太手捂着胸口跟跄了几下。年轻人吓坏了，赶紧上前扶起华特太太。华特太太把那50元的假钞哆哆嗦嗦地塞到了年轻人手里，让他帮忙到对面的诊所买药。

年轻人一走，华特太太就给那个诊所的医生——她的儿子打电话，告诉他待会有个年轻人会来买药，让他给年轻人三四十美元的药，还说年轻人手里有一张50美元的假钞。华特太太默默地想着：如果年轻人是个富有爱心和责任感的孩子，他就一定会回来。过了一会儿，华特太太的儿子打电话过来了，告诉华特太太，年轻人已经拿着药走了，而且他没有用假钞。这让华特太太长吁了一口气，庆幸自己没有看走眼。

年轻人买来了药，并不遗余力地照顾着"病中"的华特太太。天亮后，华特太太因感激年轻人"救"了自己，竭力挽留他，请他帮忙照看小店几天。几年过去了，这个小店变成了一个大超市，而那个年轻人就是在美国借着零售业发迹的阿克斯。

如果华特太太没有用善意的谎言来挽救这个年轻人，而是当面揭穿了他，年轻人可能恼羞成怒，做出一些不理智的事情，或者是自此自卑地活下去，失去了抬头做人的勇气。无论是哪种结果，直接拆穿别人都不是聪明的办法。但是，华特太太选择了善意的谎言，激发了年轻人心中的爱心和善良，拯救了他的灵魂。

善意的谎言像一汪清泉，给濒临绝境的人们带来滋润和信仰；善意的谎言像一缕阳光，让久经黑暗的人们不再痛苦和绝望；善意的谎言像是天使的翅膀，能够让折翼的人们有勇气和信心继续翱翔。善意的谎言对别人有利，因此，即便有一天真相大白，人们也愿意选择原谅它，甚至是感激。

一个女人去给她的小儿子开家长会。幼儿园的老师对她说："您应该带孩子去医院做个检查，我怀疑他有多动症，因为他在板凳上坐不了一分钟。"女人听后并没有说什么，只是回到家后，告诉她的儿子："宝宝，你真棒！今天老师夸奖你了，说你能在凳子上坐5分钟了。"小孩子听后非常高兴，以后他在凳子上坐的时间越来越久了。

初三的时候，马上就要中考了，女人又去给孩子开家长会。老师说："您的孩子文化课并不是很好，也考不上什么好的高中和大学，我建议他报考技校，让他趁年轻学习一门养活自己的手艺。"女人听后哭了，但是她还是什么都没说，只是回家后抱着儿子说："你的班主任说你非常聪明，只需要再努力那么一点点，你就可以考一个很好的学校。"她的儿子果然把她的话听了进去，每天都刻苦读书，终于在四年后考入了一所名牌大学。当收到录取通知书后，儿子抱着女人大哭，他说："妈妈，我知道我不聪明，老师也没有说过那样的话，但我还是要感谢您。谢谢您没有放弃我，一直鼓励我，才让我走到了今天。"

　　故事中的女人是一个聪明的女子，同时又是一位伟大而又宽容的母亲。她知道老师说的是真话，但是她不能对她的儿子说真话，因为那会对孩子造成沉重的打击；幸运的是，她没有放弃自己的儿子，而是选择了用善意的谎言来鼓励自己的儿子。

　　虽然生命不能从谎言中开出美丽的鲜花，但是美丽的生命却需要"善意的谎言"作点缀。生之维艰，如果我们一味地选择真实，会让本就沮丧、失望的人们更加绝望。当别人无法坚持下去的时候，当别人没有勇气承担责任的时候，当别人一时误入歧途的时候，聪明的女人往往会选择说一些"善意的谎言"来给予那些人温暖和希望，让他们能够坚强地活下去。

　　当然，我们所说的善意的谎言并不是"说好话"，更不是随意拍别人马屁；而是在真实的基础上激励别人，让他们能够有决心面对未知的困难，让他们能够坚持不懈地奋斗下去。

# "豪爽女"也要温婉说话

大家都说："女人是水做的。"生活中，许多人都把女人看作"温柔"与"爱"的代名词，认为女人天生就应该像阳光一样温暖，像泉水一样清爽。然而，现在越来越多的女人颠覆了传统的印象，开始朝着"女汉子"的目标发展，希望自己能像个爷们一样豪爽。

可是，这样想的女人都忘记了：男女先天生理上的不同注定了彼此不一样的命运，女人无论怎么做，始终也无法做到像男人一样"光着膀子，大口喝酒，大口吃肉"。而且，人们所说的"豪爽"并不代表着野蛮，也不是粗鲁，而是一种光明磊落的气质。可一些女人往往错误地认为，豪爽就是要肆无忌惮地想说什么就说什么，想做什么就做什么。真正成熟、聪慧的女人既有男人豪爽的气派，又有女人天生的温婉，往往一句话就能温暖人心。

郁文从小就是风风火火的性子，办事非常干练，在关键时刻甚至比男人还要果断。这样的性子让家人为她感到担心，将来要是上班了或者是谈恋爱、结婚了，怎么和同事、丈夫好好相处呢？然而，令人们喜出望外的是，郁文不仅在工作上取得了很大的成功，而且在结婚后也生活得非常幸福。人们不禁诧异，郁文是如何做到这一点的呢？

原来，郁文深刻懂得"阴盛阳衰"的道理，也深谙与人说话的技巧，所以她的处世哲学是：做事可以豪爽，说话一定要女人。因此，她在工作上总是非常利索，做事一点儿也不拖泥带水；和大家说话时，郁文会照顾到每个人的感受，从来不会让别人感到尴尬。

有一次，同事们来家里做客，郁文和丈夫热情地招待了他们。吃饭聊天的时候，郁文经常在不经意间夸奖一下自己的丈夫，丈夫暗自感到高兴。同事们也非常吃惊，想不到平时如此能干的"女强人"在家里却是一副"小女人"的姿态。郁文看着同事们的表情，笑着嗔道："大家怎么这么看我？很吃惊吗？哎，你们不能因为我平时跟你们拼酒，就忘记了我也是一个女人啊！"郁文的一句话说得大家都笑了起来，也改变了众人对她以往的看法。

成熟、懂得说话的郁文，用自己的经历告诉天下的女人：我们既可以做一个独立、自主、豪爽、干练的新时代女性，也可以拥有传统女性所有的温婉、细腻的性格。

有些女人会觉得这样活得太累，也会表里不一。其实，这并不是表里不一，因为做事豪爽不意味着说话也可以肆无忌惮、口无遮拦；说话面面俱到、温柔体贴，也不代表着女人就不能干练做事。这是一个女人成熟、理智的标志，二者并不冲突。

之所以说聪明、成熟的女人要懂得说话的技巧，这是因为说话在人的一生中占有非常重要的分量。英国思想家培根也说过："交谈时的含蓄与得体，比口若悬河更可贵。"在交谈中，有驾驭语言功力的女人，就会自如地运用多种表达方式，不断探索各种语言风格，或直言不讳、直截了当地说出自己的看法，或含蓄、委婉地表达自己的想法，用"直道好跑马，曲径可通幽"的办法来让自己成为一个善言的、随机应变的女人。

著名的物理学家居里夫人马上要过生日了，她的丈夫皮埃尔想给她一个惊喜，就花掉了一年的积蓄为她买了一件名贵的大衣，希望可以作为生日礼物送给自己的妻子。

谁知，当居里夫人看到丈夫手中的大衣时，竟然是爱怨交织。原来他们夫妻那个时候做实验正好缺钱用，但是丈夫却用那些钱买了不实用的东西；可是，她又知道这是丈夫的一片心意，是对自己的爱，因此没有办法明说不喜欢这样贵重的礼物。

于是，居里夫人婉言道："亲爱的，谢谢你，真的谢谢你！这件大衣确实是谁见了都会喜爱的，我也很喜欢。但是我想说的是，幸福是内在的，比如说，你送我一束鲜花祝贺生日，对我们来说就好得多。我认为只要我们永远在一起生活、战斗，这比你送我任何贵重礼物都要珍贵。"居里夫人的这一番话既温暖了丈夫的心，又使丈夫认识到花那么多钱买礼物确实不应该。

居里夫人说话很有一套。如果她没有这样委婉地说，而是直接说买这件衣服不实际，这不仅是对丈夫一片心意的不尊重，也会伤害到彼此之间的感情。所以，她在坚持自己原则的基础上，用通情达理的语言告诉丈夫自己知晓他的爱意，同时也告诉丈夫他们还有更重要的事情要做。

"良言一句三冬暖，恶语伤人六月寒。"成熟的女人永远都清楚地知道自己在追寻的是什么，不会顾此失彼，她们懂得如何做一个豪爽、干练的女人，却也知道这不意味着就是要行事粗鲁、说话放肆，而是懂得在豪放中要流露出温婉、细腻的一面，好让自己的女性魅力大放光彩。

## 【第二章】
## 想要别人言听计从，就得有"百变女王"的口才

　　有的女人说话时大大咧咧，有的女人说话时轻声细雨，有的女人说话时深奥难懂……无论你是哪种女人，无论你的性格是怎样，无论你是美是丑，你都要懂得说话的技巧，把自己修炼成一个"百变女王"，这样才能让自己走向成功。

# 八面玲珑，做"百变女王"

说话是我们与人交往时最普遍的一种交流方式，是我们的生活中不可缺少的沟通途径，见到陌生人我们会开口说话打招呼，见到熟人我们会开口说话聊天，而且在我们一个人的时候，我们还会自己同自己对话，自问自答，自言自语。说话在我们生活中是如此的重要，因此，每个人都想提高自己说的能力，想让自己说的话更有水平。

其实，说话的方式多种多样：直言快语、牙尖嘴利、温吞委婉、咄咄逼人，等等。既然说话的方式如此之多，说话时，就应该适时地改变说话的态度、方法、语气，把话说得像身上的衣服一样种类繁多、色彩鲜艳，为自己的魅力值加分。而女人也唯有这样说话，才能让自己更加巧舌如簧、八面玲珑，让自己成为一个会说话、懂得说话的"百变女王"。

思思的丈夫和芳芳的丈夫在一家公司上班，又因为两家人住得近，年龄也差不多大，所以有什么活动都是两家一起进行。

有一次，思思和芳芳一起去打保龄球。但是，芳芳是初学者，球艺自然不行。思思出于好心，她便当教练教起对方来。思思是个心直口快的女人，喜欢有什么说什么。在教芳芳打球的过程中，如果芳芳的球没打好，她张嘴就说人家"真臭"、"你怎么这么笨"之类的话。

这让芳芳非常生气，就说："你说话可不可以含蓄点？""什么含蓄，你笨就笨嘛，还不让人说了，真是的！"就这样，两个人弄得十分不愉快。回家后，二人又添油加醋地向各自的丈夫抱怨了对方一通，让他们在公司见面时也感到很尴尬。

思思其实并没有恶意，但是因为她不懂得说话，结果是"好心办错事"，让两家也因此而闹得不愉快。如果，思思懂得说话的技巧，在教芳芳打球时注意语气和措辞，可能就不会造成这样的结果了。由此可知，女人不会说话，对生活和工作的影响有多大。

女人出门时都会换上漂亮干净的衣裳，画一个美美的妆容，因为爱虚荣的女人都希望把自己最好的一面展示给别人看。其实，除了外在的这些东西，女人更应该学会说话。因为有时候，语言就是一个人的门面。一个女人是否真的有气质，是否真的优雅、有礼貌，并不体现在外表上，而是体现在内在上，而向别人展示你内在的途径之一就是说话。

小丽去沈阳出差，就遇到过这么一件事。小丽下飞机后提着大包小包走出了机场。由于她只顾寻找接她的朋友，东张西望，一不小心撞在了一个行人的身上。那个人长得膀大腰圆，被撞后睁大两眼瞪着小丽，生气地吼道："你干吗？没长眼睛吗！"听着对方的话，小丽心里很不高兴，刚想回敬两句，转念又想，算了算了，他不文明，我不能不礼貌，吵几句又能怎样？搞不好麻烦会更大。想到这，她连连道歉，说道："实在对不起，我着急等人，真不是故意的，请多包涵。"小丽简单的这几句话，却说得那个人也没脾气了。他只是余怒未消地看了小丽一眼，径直走了。

直言直语是一把双刃剑，而不是一把可以披荆斩棘的开山斧。我们可以试想一下，如果当时小丽直言快语，以不敬还不敬，以不礼貌对不礼貌，结局恐怕就是另外的样子了。因此，女人在说话时，应该在自己语言的刀子上加一把刀鞘，让自己的语言含蓄一些，不要冒犯别人；否则，这把刀子砍伤了别人后，也会砍伤自己。

言语可以是蜜糖，客客气气的让人听了心里舒服；言语又能变成一把刀，刺得人心里流血。直言直语的女人会让人对她痛恨不已，甚至心生报复。而说话含蓄的女人则会使人对她心生好感。那么，我们应该怎么说话，才会让别人喜欢我们呢？

**1. 女人在说话时要三思。**

女人不应该以"心直口快"为荣，而是应该学会"三思"，在说话时，问自己三个问题：我这样说好吗？别人听了感觉如何？会对我产生什么样的影响？如果，女人真正地做到了上述行为，就会避免许多无谓的纷争。

**2. 在说话时站在别人的角度思考。**

真正懂得体谅别人的女人会在说话前就做到换位思考，会以别人的角度来思考问题。这样在说话时自然而然地就会收敛，也最大可能地避免对别人造成伤害。

**3. 聪明的女人在说话时会选择好的方式来说。**

譬如，一个人运动细胞好，却不适合做精细的活，会说话的女人就会夸奖对方"体格健康"；一个女人腰腹比较胖，但是腿却比较细，懂得说话的女人就会经常夸奖对方的腿，而不是揪着对方的"游泳圈"不放。

# 聪明的女人会谈论别人感兴趣的事

生活中有些女人经常抱怨没有人关心她，没有人听她说话。其实，不是没有人听你说，而是你说的话实在是很无趣，内容单调、乏味，导致别人都听不下去了。因此，真正懂得谈话的女人从来都不会以自己为中心，不会想说什么就说什么，而会根据别人的兴趣爱好谈论一些大家都喜欢听、愿意听的话题。

之所以会这样，说到底是因为每个人都是利己主义者，都希望自己能够成为焦点，或者是能在这些谈话中得到有利于自己的信息，而不是在浪费大把的时间说着别人的事情。所以，如果你们想要成为可爱的女人，想要成为一个懂得说话的女人，就要避免走入谈话的禁区，闯进听众的雷区。

小区里有两位退休在家的大妈，分别是刘大妈和王大妈。这两位大妈都是退休在家带带孩子，或者是与其他伙伴们一起跳广场舞、谈论一些小区里的"新闻"。但是，这两位大妈在小区里的评价却完全不一样。

先说刘大妈。刘大妈每天都会带着自己的孙子在楼下的花园里玩耍，顺便和别人说说闲话，但是，刘大妈每天说得最多的就是邻居家的家长里短。刘大妈每天最常用的经典开场白是："你们知道吗？就咱这小区里的××家里来了几个人，我跟你们说，她们是……"刚开始，还有人听。但是时间一长，就没有人乐意再听了，因为大家都很忙，而且大家担心刘大妈有一天也会这样说自己的家事。

再看王大妈。王大妈虽然每天也在楼下带孙子，但是王大妈每天只会跟别人聊聊哪个超市的菜降价了，或者是怎么哄孩子吃饭、睡觉等问题，却不会涉及别人家里的事情。而且，王大妈每天都会把天气预报、超市降价情况给写到社区黑板上，这样方便大家上下班的时候观看。渐渐的，大家都越来越喜欢王大妈的贴心之举。

由此可知，我们在跟别人进行交流时，应该谈论别人喜欢的话题，而不是说一些没有价值的东西，否则我们就会像上面故事中的刘大妈一样被人厌弃。

或许有人会觉得这是在夸大事实，但是我们可以回想一下自己的经历，就会发现当我们自己在与人交谈时，一定希望对方会和我们谈论一些我们感兴趣的，或者是对我们有利的事情，而不是我们一无所知，甚至是不想听下去的事情。将心比心，别人与我们交谈时肯定也是一样的念头。为此，聪明的女人应该学会谈论一些听众喜欢的话题，这样才容易让自己获得好人缘。

安红是一家食品公司的经理，她一直希望自己能够成为一家大超市的供应商。这四个月以来，安红不断地与那家超市的经理进行磋商，但是对方往往是没有听安红说完就摇头拒绝了。原来，安红在向超市经理进行推销时，一个劲儿地在说自己的工厂生产的食品有多么可口、干净，价格有多么低，还一说就说很长时间，而超市经理早就没有耐心和精力继续听下去了。

后来，安红总结了失败教训，再和这家超市的经理进行谈话时，先开始从这位经理感兴趣的话题入手，然后慢慢地引到自己的食品上来，然后又向超市经理分析了购买自家食品的利弊，让对方明白和自己合作是有利可图的，这才慢慢地促成了这笔生意。

如果安红没有转变策略，还是一直在"自卖自夸"，那家超市的经理肯定还不会选择她家的商品。由此得知，我们要想与人交朋友，要想与别人进行合作，在说话时一定要有技巧，而不是想说什么就说什么。

生活中，我们经常会听到女人在那儿抱怨，说没有人真正懂她的心，抱怨别人不了解她，甚至自怨自艾地说"感觉自己不会再爱了"。其实，我们有什么资格抱怨呢？与其抱怨别人不懂我们，觉得我们与别人之间的谈话经常是鸡同鸭讲、对牛弹琴，还不如从自己身上找原因。所以，女人要想让自己知己遍天下，就应该懂得谈话的技巧，以便抓住对方的耳朵。

**1. 说别人喜欢听的。**

女人要想让别人喜欢听自己说的话，在和别人聊天之前就应该先了解对方内心的真实想法，然后说一些别人喜欢听的，而不是一味地说自己想说的。所以，我们要想与别人一见如故，在谈话时就要注意对方的感受，按着对方的喜好来进行交谈，和对方讨论一些他知道得最多、最感兴趣的事物。这样，我们才能更容易地走进对方的内心，和对方成为朋友。

**2. 对自己不喜欢的事情要宽容以待。**

如果别人喜欢的恰恰是自己讨厌的，应该学会宽容以待，不要把自己的厌恶心理明显地表现出来，而是应该试着收敛自己的"公主病"，学会隐藏自己的表情，不能因为自己不喜欢，就阻止别人喜欢。

### 3. 增加自己的知识量和见闻。

许多女人的见识量都不够，这就要求女人在平常多看一些书籍，对各方面的知识都了解一下，以免在与别人聊天时，不知道别人在说些什么。而且，女人了解的各方面的知识越多，见闻越广，不仅能让自己对任何话题都侃侃而谈，改变自己"闷葫芦"的形象，同时也能让自己的气质得到提升。

# 想要别人言听计从，
# 就要漂亮话儿漂亮说

优雅的女人，不仅表现为知书达理，善良乖巧，还要懂得说服别人，因为在一些场合，我们需要捍卫自己的权利，或者需要表达自己的观点，用自己的观点去说服别人，让别人听从我们的意见。

其实，让别人听从你的意见或建议并不容易，有这么一句打趣的话："世界上有两件事最难，第一件事是把别人的钱挪到自己的兜里，第二件事是把自己的思想灌输到别人的脑子里，把前者做成功的是老板，把后者做成功的是老师，两者都做成功的是老婆。"这句话诙谐有趣，也有一定的道理，因为这两件事的确不容易做到，而哪种女人能够做到这两点呢？必定是那种非常有智慧而且说话漂亮的女人。

美国经济大萧条时，幸运的艾拉在一家高级珠宝店找到一份销售珠宝的工作。一天，店里来了一位衣衫褴褛，眼神有些怪异的顾客。就在她要为顾客介绍产品时，电话铃响了，艾拉慌忙去接电话，结果一不小心，碰翻了一个碟子，有五枚宝石戒指顺势落到地上。

艾拉放下电话，慌忙去捡戒指，结果只捡到其中四枚，第五枚怎么找也找不着。此时，她将目光伸向刚才进来的那位顾客，只见他正向门口走去。顿时，她意识到那第五枚戒指在哪儿了。当那顾客走到门口时，艾拉叫住他，说："对不起，先生！"

那顾客慌忙转过身来，问道："什么事？"

艾拉看着他略显惊慌的脸，说："先生，您知道，现在工作很难找，是不是？"

那位顾客顿了顿，回答说："是的，的确如此。"

艾拉说："如果把我换成你，你在这里会干得很不错！"

终于，这位顾客退了回来，把手伸给她，说："我可以祝福你吗？"

艾拉也立即伸出手来，两只手紧握在一起。艾拉也以十分柔和的声音说："也祝你好运！"

顾客转身离去，艾拉走向柜台，将手中握着的第五枚戒指放回原处。

表面看来，这是一起盗窃案，主人公艾拉为了保住工作，需要从盗窃者——顾客手中要回那枚丢失的戒指。按照普通人一般的处理方法，不外乎大喊大叫，设法抓住盗窃者。但聪明的艾拉却没有这么做，她用高超的谈判技巧说服了这位计划谋取不义之财的顾客。艾拉的高明之处在于，她善于洞察顾客的心思，让自己站在对方的立场上看问题，以情动人，令对方良心发现，言听计从，交出赃物。

试想一下，如果艾拉大声呵斥，还会出现这样的结局吗？绝对不可能，说不定，艾拉还会因此受到盗窃者的恶意伤害。

说服力强的女人不仅能在说话上让对方信服，还能通过目光眼神准确表达自己的思想态度。某种程度上来说，眼神是话语的辅助工具，它有时候能够起到话语所无法比拟的作用。但是，在使用目光接触时，也要拿捏恰当，以免引起对方误解。

现代社会，女人不仅要学会照顾家庭，还要能够看住婚姻，尤其是当不良因素渗透到家庭的时候，女人不应该唯唯诺诺，睁一只眼闭一只眼，而是学会化身智慧女神，用巧妙的言辞守护家庭的和谐。看过电影《失恋33天》的人一定会对剧中黄小仙和王小贱的搞笑对白印象深刻，但也一定不会忘记"国民媳妇"海清饰演的孕妇角色，尤其是这位"犀利人妻"智斗情敌的情节更是令人拍手叫绝。下面就让我们来回顾一下当时的绝妙对白吧。

（孕妇陈太太挺着肚子来到情敌杉杉的病房）

陈太太："小刘吧？我是小陈的爱人……我来看看你……"

杉杉："嫂子，您也住这医院啊？没听陈老师说啊。"

陈太太："你的事儿他倒是都跟我说了。"

杉杉："我就是来做个小手术。前两天正好看见陈老师了，他就挺照顾我的。"

陈太太："照顾你是应该的，我住院的事他没告诉你你别往心里去，他不告诉你是因为我住院是喜事。你住院是晦气的事儿。虽然都是从肚子里取点东西出来，不过你取出来的那块肉是多余的，取出来就得扔，我取的这个，全家当个宝，取出来还要往大了长。告诉你不是给你添堵么？这能一样么？小陈给我熬的鱼汤。这两天天天逼着我喝。喝得我快吐了。我这给你拿点下来，你不是一个人没有人照顾么？趁热喝啊。昨天小陈还和我讲呢，说这回啊，幸亏我们俩生的是个儿子，将来长大儿子好一些，不用怎么操心。要是生个女儿，长到十七八九，该好好处对象的时候不好好处对象，该好好结婚的时候不好好结婚，再做些什么不光彩的事儿，到时我和小陈就别活了。你说是吧？"

杉杉："恩，嫂子我有点累了，我想休息一会儿。"

陈太太："出院以后啊，自己要照顾自己。你不是一个人吗，自己心疼自己。还有，不好的习惯该改的要改，要不然的话还得住院。病啊，它有的时候也看人。行了，我走了，记得喝汤。"

海清仅靠一张"刀子嘴"就把和他抢老公的情敌说得服服帖帖，令其知难而退，从容地将"婚外恋"扼杀在摇篮之中。由此可见，说话这门技术是多么重要！倘若海清不懂得说服的技巧，只是一味地苦劝，恐怕很难起到这样的效果吧。

漂亮说话就是说要善于抓住对方的心理，学会把话说到点子上，让对方心服口服，并且必要的时候要学会快刀斩乱麻，让对方没有回绝的余地。此外，说话之前要学会组织语言，运用严密的思维将对方逼到"绝路"，因为你费尽口舌地去说服对方，就是因为对方与你所持的意见相左。如果想让对方接受你的意见，就需要巧妙地编织一个有利于自己的语境，步步为营，才能"取胜"。

# 会说话的女人都长话短说

有人说，这是一个"说话"的时代，会说话的人容易成功，成功的人要么善于表达，要么善于沟通。你说什么样的话，就决定了你扮演什么样的人。比如说有这么一个故事：在一个寒风凛冽，大雪纷飞的冬日，财主、官员、秀才、樵夫四位路人匆匆躲进路边的庙宇里避雪，官员提议以"雪"为题吟诗，官员自己先吟了一句："大雪纷纷落地"，秀才紧跟一句："都是皇家瑞气"，财主接着说："再下三年何妨"，最后轮到樵夫，没想到他脱口而出："放你娘的狗屁。"

由此可见，你说的话会成为你的标签。无论你走到哪里，它都会与你形影不离，成为别人识别你的标志和印记。

那么，什么样的说话方式最受欢迎、最令人欣赏呢？那就是简明、精炼而又语意明确。你是否会因为别人的啰里啰唆而拍案而起呢？是否会因为别人的磨磨唧唧而厌烦至极呢？是否会因为别人的含混不清而摇头蹙眉呢？有过这类经历的大都会有一个清晰的认识，那就是连篇累牍、叽叽喳喳、含混不清的话语是最容易惹人反感的，是最让人难以忍受的。

当一个人费尽口舌说了一堆，却没有说到重点时，倾听者必然是烦躁无比的；所以，要想做一个受欢迎的女人，就要学会长话短说，这样才能引起别人的兴趣，才能让别人对你产生好感。

李静被誉为国内最具风格的主持人，主持着《非常静距离》《超级访问》等知名节目。她一直是活跃在荧屏上行事独特的一个人。她率真、俏皮的主持风格打破了国内主持人一贯的淑女形象，深受观众的喜爱。毋庸置疑，李静的成功源于她的勤奋和极佳的口才。

如今，李静还是一位颇有建树的"电视职业经理人"，她是国内两档名牌脱口秀栏目《超级访问》和《情感方程式》的制作公司——北京东方欢腾文化艺术发展公司的总经理兼总制片人。回首白手起家，辛勤创业时的情景，她还是将成功归功于自己极佳的口才。

当时，节目启动的时候，她还过着捉襟见肘的日子，当她拿着第一年的节目来上海电视节做推广的时候，连个交易会的展台都租不起。这时候，是出色的口才帮了她的忙，她说："我的做法和经验就是，将自己的想法和意愿直截了当地告诉对方。因为和聪明人对话，即使你有再多的小聪明、小心思，都很容易被对方看穿，而聪明人的时间又是非常紧张的，那么这时，最好的说话方式就是长话短说，开门见山。这样也最容易给对方留下好感，切忌拐弯抹角。"

谈起口才，许多人觉得这可能是一件非常需要技巧的事。但是，李静并不这么认为，她说："在我看来，把自己内心最真实的想法用最朴实而真切的语言表达出来，就是好口才。从这个意义上讲，绝大多数人都具备口才的条件。"所以，无论在什么时候说话，想要抓住别人的心神，最重要的就是切中要害，在最短时间内将自己想要表达的东西表达清楚，使对方在你话音刚落的瞬间不用过多的思考就能明白你的意思。这样，听众的全部心思才能被你的话语所吸引，才不会被你的话语催眠。

相反，假如一个人总是喋喋不休，啰哩啰嗦，对于一件事不知疲恚地反复重复，这样的女人是很不讨人喜欢的。

夏琳是一家化妆品公司的营销主管，作为一名领导，她对待工作可谓尽职尽责，几乎上级分配的每个任务，她都能及时完成，但是在对待下属方面，她又显得分外严格，所有的细节她都会考虑周全，并且不厌其烦地向下属传达。

一天早上，她向部门新来的小陆交代了一份任务，要她做一份化妆品报价单，本来这并不是一件很难的工作，但是她担心小陆初次接触，可能会有些困难，于是一而再，再而三地向小陆讲解具体过程。小陆是一名聪慧的姑娘，经过职业培训后，这样的工作对她来说并不难，可以说很快就能完成。起初，她对上司夏琳的印象很好，也乐于听从她的指导和安排，但时间一长，她就开始厌烦了，因为夏琳每次讲的内容都是重复的，对她来说，这简直就是在浪费时间。

很多人之所以会在那种长篇累牍的报告会或者演讲会上昏昏欲睡，就是因为演讲者在第一时间无法将问题讲透彻，讲出吸引他们的内容。那种照本宣科似的演讲，对听众来说简直就是一种折磨，当然也就没有人有耐心去听。本来是一件很简单的事情，只要简洁明了地交代清楚就可以了，但夏琳却反复讲解，最终引起了下属的不满，自讨无趣。这也就是为什么女人要学会长话短说的原因。

1936年10月19日，中国著名的新闻学代表人物邹韬奋先生在上海各界公祭鲁迅大会上的讲话，只讲了一句话："许多人是不战而屈，而鲁迅先生是战而不屈。"这句话既赞颂了鲁迅的战斗精神，又尖锐批判了懦夫退缩的思想，因而比那些空洞的演讲更能吸引人。会说话的女人就要像邹韬奋先生这样，懂得长话短说；否则，我们的意见是难以被对方接受的，甚至会招致对方的反感。

# 正话反说，
# 别人更容易听进去

　　俗话说："劝将不如激将，正话不如反说。"我们在生活中有时候会需要别人的帮助，有时候希望别人能够按照我们的意愿来做事，有时候需要把话说进别人的心里，让他与我们产生共鸣。一般情况下，女人都会选择直话直说的方式来劝说对方，以达到自己期望的目标。

　　可是，在一些特殊情况下，如果对方是一个意志力比较坚毅的人，或者说对方比较"犟"的时候，直话直说就起不到多大的作用了。这个时候，懂得说话的睿智女人会"正话反说"，轻轻松松地攻下对方的堡垒，让对方把我们的话听进去。

　　老实忠厚的刘姐是某公司里的一名中级职员，她做事勤奋，心地也非常善良，但就是迟迟升不了职。和她同年龄、同时进公司的同事不是在外独当一面，就是成了她的上司。另外，虽然别人平时都称赞她好，但是她在公司里的朋友并不多，下班后也没有什么"应酬"，似乎不太受欢迎的样子。

　　其实刘姐能力也不差，眼明手快，有相当好的观察力和分析力，但有一个缺点却是大家都公认的，那就是说话太直！不论说什么，她都是直来直去，从不掩饰。这常常让听者感到极为不舒服，也难以和她继续沟通、交流。她的人际关系，能不受影响吗？

其实，说话"直来直往"的人心地并不坏，她不是想故意揭人短，也不是故意让人下不来台，只是图一时的"心直口快"，而没有去考虑别人的立场、观念、人格和心情。她的话可能真实到位，可能鞭辟入里，也可能一派胡言，当事人如果招架不住，可能就会怀恨在心了。

我们知道，谈话的目的其实就是想要引起别人的共鸣，让别人赞同你的观点，达到思想或意见的交融。当我们以直接的方式阐述或回答某个问题，却不能引起别人的共鸣或吸引别人的注意时，不妨采用正话反说的方式同他人进行交流。这样既可避免引起正面冲突，又能含蓄委婉、入情入理，收到出奇制胜的效果。

王熙凤是《红楼梦》里的重要人物，也是曹雪芹笔下塑造的最成功的人物，她不仅长得漂亮标致，聪明能干，还具有普通闺秀所没有的极佳的待人处事的能力。她威重令行，机敏善变，把荣国府打理得井井有条，可谓贾家荣府的实际统治者。最重要的是，她的口才又是万里挑一，无人可及。虽然人们对她贪婪、狠毒、残忍的形象颇有微词，但对她的口才却是众口一词，就连那些说书的女艺人都佩服不已："奶奶好刚口，奶奶要一说书，真连我们吃饭的地方都没有！"那么，比说书艺人还厉害的王熙凤，她的口才到底厉害在哪呢？

其实，王熙凤较为擅长的就是"正话反说"，表面看来是贬低别人，贬低自己，实际上却是夸赞别人，炫耀自己。

一次，贾母的大儿子贾赦看上了贾母身边漂亮可人的丫鬟鸳鸯，非要娶其为妾，贾母非常生气，也责怪王熙凤没有告诉她。王熙凤一听贾母的指责，便打趣地说道："我倒不派老太太的不是，老太太倒寻上我了。"贾母听后，觉得奇怪，心想："我倒有什么不是？"便要王熙凤说个明白。王熙凤说："谁叫老太太会调理人？把那丫鬟调理得跟水葱似的，怎么怨得人要？我幸亏是个孙子媳妇，我若是个孙子，我早要了，还等到这会子呢？"一席话，说得贾母化怒为笑。

　　还有一次，贾琏从苏州回来，王熙凤为他设宴，接风洗尘，当贾琏为她的操持劳碌表示感谢时，王熙凤趁机正话反说，卖弄一番："我那是照管得这些事！见识又浅，口角又笨，心肠又直率，人家给个棒槌，我就认作'针'。脸又软，搁不住人给两句好话，心里就慈悲了。况且又没经历过大事，胆子又小，太太略有些不自在，就吓得我连觉也睡不着了……况且我年纪轻，头等不压众，怨不得不放我在眼里。更可笑，那府里忽然蓉儿媳妇死了，珍大哥又再三再四地在太太跟前跪着讨情，只要请我都他几日；我是再三推辞，太太断不依，只得从命。依旧被我闹了个人仰马翻，更不成个体统，至今珍大哥哥还抱怨后悔呢。你这一来了，明儿你见了他，好歹描补描补，就说我年纪小原没见过世面，谁叫大爷错委他的。"

　　这一番话，本来是王熙凤的自我贬低，"见识短、口角笨、脸又软、胆子小、年纪轻……"横陈自己的一系列缺点和劣势，但实际上却是在炫耀自己。言外之意就是，即使我有这么多缺点和不足，但我还是把事情做得天衣无缝，不信你去问问太太和珍大哥哥，我办得漂亮不漂亮！王熙凤正话反说中的诙谐幽默，欲扬先抑，是非常值得借鉴的。

　　当我们想要阐明自己的观点并说服对方时，首先我们要能引起对方的兴趣，让对方愿意听我们的话，这时候我们可以先以一个怪诞说法或者幽默故事开场。这样的劝说方式就像是撞球，开始的时候让对方心头一震，然后在自己的阐释过程中，让对方一步步明白你的真实用意。

有人曾经说："是人才不一定会说话，但是会说话的人必定是人才。"在某些场合，当我们想要劝服一个人或者向别人描述一件事的时候，直来直往往往不讨别人的喜欢，甚至不能引起别人的注意，但是如果采用"正话反说"的方式，通常能起到事半功倍的效果，获得意想不到的成功。所以说，正话反说是一种高明的说话技巧。作为女性，要想让自己看起来谈吐不凡，口才出众，就要多学学正话反说，用巧妙的语言"挑逗"别人，使别人容易听进去。

# 有大智慧的女人
## 一句话说进人心里

～∽∽∽～

　　经常看一些采访类节目的人，大都有这样一个印象：作为优秀的主持人，他们的话并不多，但字字珠玑，每一句话既能引起观众的共鸣，也能与嘉宾互动，引导嘉宾讲出他们不愿讲或者未讲的故事或内容。为什么呢？这是因为他们非常认真地聆听嘉宾的讲话，并且能够及时收集信息，将所要说的话，所要提出的问题说到点子上。

　　经常和朋友在一起谈笑风生的你是否也有这样的体会？有时候为了表达自己的一个观点，思忖良久，却始终找不到一个合适的词语，这时一句话突然横空而出，正中下怀，你们击掌相庆，为这份难得的默契喜不自禁。你不由得对对方佩服不已，其实，这就是因为对方戳中了你心中的那个点，说到了你的心坎上。

　　中国有句老话："好马出在腿上，能人出在嘴上。"的确，人人都能说话，但不是人人都会说话，会说话的人会选择时机，巧妙地组织语言，把话说到点子上。不会说话，有时候未必真的是想不到，而是想到了却说不出口。笨嘴拙舌，千百次语无伦次地表达，却始终徘徊在"金线"左右，靠不了岸。有时候，深情款款的虚情假意比拿奥斯卡小金人更考验演技。有大智慧的女人通常不会长篇大论地去阐述一件事，也许用一两句话就能说进人的心里。

欧洲某国的一位著名的女高音歌唱家，年仅30岁就已经誉满全球。她不仅事业有成，还拥有一位如意郎君和一个美满幸福的家庭。一次，在一场音乐会上，歌唱家和她的丈夫、儿子被一群狂热的歌迷团团围住。人们七嘴八舌地与歌唱家攀谈起来，赞美之声、恭维与羡慕之词洋溢着整个会场。

就在人们大肆赞美的时候，歌唱家只是静静地听，什么也没有表示。当大家把话说完后，她才缓缓地说："首先我要谢谢大家对我和我家人的赞美，我希望在这些方面能够和你们共享快乐。但是，我想你们都还不知道，站在你们眼前的这个活泼可爱的小男孩，是一个不会说话的哑巴，而且他还有一个经常要被关在家里的精神分裂的姐姐。"

人们震惊了，从他们惊讶的表情上可以看出，似乎很难接受这样的事实。这时，歌唱家又心平气和地对人们说："这一切说明什么呢？我想它只能说明一个道理，那就是，上帝是公平的，给谁的都不会太多。"

人们一边仔细品味歌唱家的话，一边点头称是，刚才的惊讶声又渐渐消弭。


人们从赞美，到震惊，再到恢复平静，只因最后歌唱家说的那句话经典话语："上帝是公平的，给谁的都不会太多。"由此可见，这是一位非常具有大智慧的女人，她早已经习惯了人们的赞美和惊讶，并懂得用智慧的话语告诉人们学会平等从容地看待人生。

世人都知道刘备三顾茅庐，以诚意打动了诸葛亮，在诸葛亮的鼎力辅佐下，刘备才得以偏安西南一隅，成为后人百谈不厌的历史人物。其实，诸葛亮之所以能够出山，并不仅仅是刘备的诚意打动了他，重要的是，有位女人在其中起到了功不可没的作用，她便是后来的诸葛夫人——黄月英。

黄月英虽然其貌不扬，但却是一位有大智慧的女人，关键时刻，她用一番话说服了在人生重要时刻犹豫不决的诸葛亮。

当时，诸葛亮隐居南阳，躬耕陇亩，与隐士黄承彦是忘年之交。黄承彦有一女，身材短小，脸色黑黄，貌丑无比，名曰阿丑。阿丑虽生得不漂亮，但从小读书，学识并不亚于天下的男子。黄承彦非常欣赏诸葛亮的才华，而那诸葛亮乃是天下有名的才子，又生得相貌堂堂，一表人才，他怎么会看上自己的女儿呢？但事情就是这么巧，诸葛亮偏偏料定阿丑是个不平凡的女子，未曾谋面心中早有几分敬慕之情。

诸葛亮的嫂嫂看出了他的心事，便亲自登门到黄家为诸葛亮提亲。黄承彦大喜过望，当即约定让诸葛亮亲自来一趟沔阳，与阿丑见上一面。碰巧，此时的诸葛亮刚好受了刘、关、张三人的两顾茅庐之请，对于是否出山心中也举棋不定，正想请教一下黄老先生，便欣然赴约。

到了黄家，与阿丑相见后，诸葛亮见其行为举止落落大方，颇有风度，心中不由得有了几丝好感。互相问候之后，诸葛亮便把刘备两顾茅庐的事情告诉了黄承彦，想征求他的意见。黄承彦没有作答，而是反问诸葛亮："你是怎么考虑的？"诸葛亮说："想来想去，还是隐居南阳，躬耕陇亩好，可不受世俗纷扰，颐养天年。"

谁知这时，黄承彦还未言语，阿丑便接过话题说道："小女子虽才疏学浅，但想向先生进一言：避乱隐居，固然悠闲，但身处乱世之中，焉能清静？苟全性命也绝非易事，孔融勤奋好学，刚直不阿，终被曹操所杀；祢衡洁身自好，也死于非命。先生难道不应该吸取教训吗？依我看，先生人称卧龙，有旷世之才，应当施展抱负才是。况且，刘备是一个有雄图大略的人物，他能够放下身架，亲顾茅庐，说明他礼贤下士，爱才惜才，这样的人难倒不值得辅佐吗？大丈夫生于世间，当提三尺剑，立不世之功，安能默默无闻，糊涂一生？"

阿丑的一番话，令诸葛亮对她肃然起敬，同时也下定决心辅佐刘备。

阿丑虽然与诸葛亮仅有一面之缘，但她深知诸葛亮是一位才华出众的人，这样的才华倘若弃之不用，定当可惜。于是，她抓住时机，引孔融与祢衡的事迹作比，动之以情，晓之以理，以简短而有力的论据和话语，说得诸葛亮点头称是。难怪诸葛亮也不得不对她肃然起敬，佩服她的才华。

总而言之，有大智慧的女人善于用最精炼的话语击中对方的要害，也许就是那么一两句话，就能让人醍醐灌顶，豁然开朗。实际上，也只有注意抓住对方的心理、性格等特点，找准用力点，把话说到点子上，才能起到立竿见影的效果。

# 逞口舌之快的
# 女人惹人怨恨

在生活中，总是有很多女人在和别人说话时，因为虚荣、不甘、愤怒等原因，为了一时的口舌之快就说出一些让自己舒坦却伤害了别人的话，也因此给自己带来了一些不必要的烦恼和困惑，到头来这些女人还会感到莫名其妙："我就是随意的一句话，她为什么要这么生气呢？有那么严重吗？"

当然严重！"但凡听则解"，对于别人说的话，无论是曲解还是正解，全都是"听者之意"。由此，才有些哲人指出：人们在说话时应当注意措辞，做到"慎言"，否则就会让别人误解自己的意思。

雯雯是办公室里新来的职员，除了她之外，办公室里的人都是以前的老员工，经常吃饭、逛街一起，所以雯雯一直希望自己能够融入到她们之中。刚来的那几天，雯雯并没有主动跟他们说话，只是在听他们说。从他们的谈话中，雯雯知道有个老员工要过生日了，他们最近正在商议着一起去KTV唱歌，询问谁有那家KTV的卡。正好雯雯有附近KTV的卡，于是在一天中午吃饭时就跟他们说了这件事情。

雯雯说："王姐，听说你们要去那家KTV唱歌，我这正好有那里的会员卡，可以优惠。"王姐听后很高兴，就去找其他人商量。结果，正好公司里的小张也从朋友那里借来了一张卡，但是由于小张借来的是一般的会员卡，所以雯雯就说："用我的吧。我的卡比较高级，折扣多，能多优惠些。"

其实雯雯并没有什么恶意，她只是想迫切融入到别人的阵营中，所以才有些急功近利了。结果小张知道后非常不高兴，认为她是在讽刺自己的卡不好，虽然当时表面上没说什么，但是之后一直与雯雯有芥蒂，连带着其他老员工也不太喜欢她。

如果当时雯雯换个说法，或者不急于一时插入到别人之间，可能就不会有后来的问题了。但是由于她的一时失言，却给她带来了诸多麻烦。因此，西班牙才会有句谚语说："失足尚可挽回，失言无法补救。"

所以，如果女人不想因为失言为自己或是身边的人带来麻烦，就要学会收敛自己的脾气，不要为了逞一时的口舌之快就信口开河、口不择言，让别人下不了台，这样不仅会把自己的事情弄得很糟，也是非常不礼貌的、不明智的选择。再者说了，"说者无心，听着有意"，如果女人常常不假思索就信口开河，就会像招人烦的蚊子和苍蝇一样，因为"嘴伤人"而招来别人的怨恨。

李太太和王太太是楼上楼下的邻居，两家在这座楼里住了有好些年了，但是二人之间的关系一直都比较紧张。其实她们之间并没有什么大不了的事情，只不过二人说话都喜欢呛人，非要在口头上占彼此个便宜，不肯让给对方半分。

有一次，李太太经常在国外出差的儿子从国外买了一组进口的真皮沙发给她，这让附近的住户们都非常羡慕，纷纷说李太太的儿子懂得孝顺父母，很是懂事。为此，那几天李太太很是高兴，每天都容光焕发的。

不巧的是，王太太的儿子不争气，她儿子的工作还是王先生托人给找来的，每天能按时上班就不错了，更别提买什么沙发了。所以，那一段时间，王太太从来不参与李太太她们之间的谈话。

结果，有一天王太太路过小区里面的花园，又听到李太太在夸奖她的沙发。实在忍不住，就说了一句："为洋鬼子卖命得来的沙发，有什么好炫耀的。"李太太一听就生气了，说王太太："总比有些人儿子不争气，吃不着葡萄说葡萄酸强。"二人顿时吵了起来，以后她们的关系更僵了。

上面故事中的李、王二位太太就是典型的喜欢逞口舌之快的女人，她们以互相打压对方为乐，殊不知这样做却也伤害了别人。俗话说，"泥人儿还有三分脾气"，何况是有血有肉的人呢？人际交往中的矛盾、误解是在所难免的，遇到这种情况，很多人选择了用言辞去攻击对方，以解心头之恨，殊不知这样却是害人害己。

或许有人会说，逞口舌之快没什么大不了，因为这些女人毕竟不是"坏女人"，她们只是因为心直口快，说话不讲究措辞和语气，才会在不经意间伤害到别人。其实，心直口快并不是什么优点，特别是那种不负责任的"找茬者"。她们全然不顾自己的德行修为，只因一时口快就恶语伤人，不仅伤人面子，还会破坏朋友、亲人、同事之间的感情，倘若本来就是不太熟悉的人，更会徒增怨恨。

俗话说："杀敌一千，自损八百。"损人之语，必不利己。女人逞一时口头之快会给自己树敌，也让自己显得特别没有风度和气质，像"泼妇"一样不招人待见。那么，当人际交往中出现矛盾时，聪明优雅的女人如何应对，才能做到不损人又不害己呢？

**1. 可以转移话题，制造轻松的气氛。**

在交际场合，如果某个较为严肃、敏感的问题弄得交谈双方对立，甚至阻碍交谈的正常进行时，女人可以避开它，用一些轻松、愉快的话题来活跃气氛，转移双方的注意力，或者通过幽默的话语将严肃的话题淡化，使原来僵持的场面重新活跃起来，从而缓和尴尬的局面。

**2. 找个借口，给对方个台阶下。**

有些人之所以在交际活动中陷入窘境，常常是因为他们在特定的场合做出了不合时宜或不合情理的事情。在这种情形下，最行之有效的打圆场的方法，就是找一个借口，以合情合理的解释使对方有台阶下。这样一来，对方的尴尬解除了，正常的人际关系也得以继续下去了。

**3. 善意曲解，化干戈为玉帛。**

在交际活动中，交际的双方或第三者由于彼此言语之间造成误会，常常会说出一些让别人感到惊讶的话语，做出一些怪异的行为举止，从而导致尴尬或难堪场面的出现。为了缓解这种局面，我们可以采用故意"误会"的办法，装作不明白或故意不理睬他们言语行为的真实含义，而从善意的角度来做出有利于化解尴尬局面的解释，将局面朝有利于缓解的方向引导。

# 【第三章】
# 避免"毒舌"，别让自己输在一张嘴上

"水"一直都是女人的代名词，世人常用"柔情似水"这个词来形容女人。然而，生活中总有一些女人，说话粗鲁、莽撞，给别人造成伤害，而她们偏偏还自以为是有个性。其实，真正懂得说话的女人都明白，有时候尖牙利嘴并不是有个性，而是在惹人厌。

# 聪明的女人
# 会远离八卦

"三个女人一台戏"，女人多的地方是非多。生活中，很多女人都有"三八"的性情，喜欢听、传八卦消息，把别人的生活搞得一团糟。而且，她们在搬弄是非伤害别人的时候，也常常惹祸上身，为自己带来口角之争。

八卦消息，就是一些爱搬弄是非的人对别人的事情捕风捉影，并加入自己的主观猜想而形成的小道消息。八卦消息容易对人造成伤害，没有人希望自己陷入八卦消息之中，被别人的猜测和谣言泼一身脏水。可是，人们总是不明白"己所不欲，勿施于人"的道理，不想别人八卦自己的事情，却十分喜欢八卦别人的私事。

丁丁到市医院做护士已经有七年了。在进来工作之前，丁丁和众多外界人士一样，认为医生和护士都是"白衣天使"，肩负着救死扶伤的神圣职责。然而，等丁丁工作了一段时间之后，她才明白，和"白衣天使"们和平相处有多么艰难。

丁丁所在的科室是外科，每天来往的人特别多，而且科室里的女人居多，这就真正地应了一句老话——"女人堆里是非多"。科室里的护士长是一个自私又喜欢排外的女人，她在科室里有三个好姐妹。

她们每天在工作之余都会说一些家长里短的闲话，还常常说医院里其他科室的人的私事。护士长还把好事都安排给自己或者是"自己人"，不给其他人学习和发展的机会。丁丁虽然很气愤，但也无可奈何，只能每天忙自己的事情，不掺和她们的对话。

当年，茵茵是和丁丁一同来上班的。刚开始，她也和丁丁一样讨厌这些人，后来为了融入护士长的阵营，茵茵也开始听她们的八卦消息，最后参与其中。为此，茵茵也得到了一些"好处"。

有一次，科室里没什么事，护士长和几个护士又在一起聊八卦消息。正好前几天医院里的陈医生在和妻子离婚，她们不知怎么听说了这件事，就猜测陈医生离婚的原因。茵茵说，以前她看到陈医生和手下的一个实习医生关系暧昧。丁丁不想再听下去，就自己去查房了。

结果，茵茵正在说闲话时，被传闻中的实习医生听见了。她是一个暴脾气，当即就与茵茵吵了起来，闹得医院里的领导都知道了这件事。一周后，护士长调离，茵茵被辞退，科室里的其他护士也都被打散分配到不同的部门，而丁丁则被提升为该科室的护士长。

八卦消息不是一个好东西，它就像瘟疫一样，是会传染的"病毒"。如果我们没有抵抗住"八卦病毒"的入侵，让自己成为了这种"病毒"的携带者、传播者，总有一天我们会深受其害。

明朝罗洪先曾说："静坐常思自己过，闲谈莫论他人非。"这句话的意思很直白，就是告诫人们不要在背后议论别人的是非，不要对别人的事情说三道四。可惜，真正能做到的人却寥寥无几，喜欢议论别人是非的人只多不少。

生活中，女人有时候会面对一些必要的交谈，可以适当聊一些与身边人无关的八卦消息，但是不要聊那些私密又带有人身攻击的话题。即使是在聊天，说话时也要三思，仔细想想话应该怎么说。除此之外，女人要想远离"三八"的称号，还应该学会"三不"，即：不看、不听、不说。

**1．不看别人的生活。**

女人要学会控制自己的好奇心，过好自己的日子即可。聪明的女人不会过多地关注别人的生活，尤其是别人的私生活，而是想办法避开它，尽量让自己的生活清静一些。

**2．不听别人的八卦消息。**

明智的女人在生活中不会听别人聊八卦消息，更不会主动去打听别人的隐私。如果实在躲不开，那么，听别人说说就算了，不可参与其中，更不可做过多的评论。

**3．不说别人的八卦消息。**

聪明的女人不会谈论别人的八卦消息，不会让自己成为一个讨人厌的"长舌妇"。就算我们真的知道一些内部消息，或者是因为一些原因而不得不听到了一些消息，我们就应该让这些八卦消息烂在自己的肚子里，而不是让这些消息从自己的嘴里透露出来。

总之，女人在说话之前要三思，多问问自己：我这样说真的可以吗？这件事有必要说出来吗？说出来是否会给别人带来困扰呢？如果真的觉得可以说了，就应该找一个合适的机会用恰当的语气说出来；反之，就应该缄口不言。女人一定要明白说话的艺术，做一个有道德的美丽女人。

# 不揭短，
# 女人才会赢得别人的喜欢

在成长的旅途中，每个人都会遭遇一些痛楚，这是无法避免的。人往往倾向于把自己的痛楚掩藏起来，不想让外人知悉。然而，生活中偏偏有那么一群女人，喜欢拿别人的痛处说事，有意无意地揭开别人的伤疤。殊不知，这样的女人已经背离了"温柔典雅"，成为了庸俗无聊的女人。当然，她更违背了说话的艺术。

老话说："瘸子面前不说短，胖子面前不提肥。"作为一个优雅、聪明、惹人喜爱的好女人，我们应该对别人的失意之事尽量避而不谈。如果我们在谈话中不小心触及了别人的"伤疤"，就算我们是无心之言，也会令对方感到尴尬，甚至是愤怒。

有两位女主持人，很受观众们的欢迎，被戏称为主持界的"绝代双娇"，她俩也经常被新闻媒体和观众拿来做比较。

有一次，电视台找了她们两个来共同主持一个节目。她们二人之前都对对方神交已久，但在现实生活中还没有什么联系。这次她们共同主持一个知识问答型的节目，形式上有些类似于央视的《开心辞典》。由于其中一位主持人因为私人原因而来得比较晚，加上节目录制得比较急，所以她在匆忙中忘了拿答题板。于是这位主持人只能凭借自己的记忆和同伴的提醒来进行提问。

结果，在一位选手回答完问题后，这位主持人惊呼："你的三道题怎么和前面的那位一样啊？我得下去问问出题的人。"这时，另一位主持人脱口而出："我看不是出题人出错了题目，而是有的人忘记了拿答题板吧？大牌主持人就是这样，出了错就给自己找理由。"这一席话本不过打趣而已，但顿时让那位主持人尴尬无比，她勉强地对观众笑了笑，才又继续主持节目。

"说者无意，听者有心"，在那位主持人的认知里，或许她认为自己说的这些话并没有什么不妥的地方，只是打趣嘛，又没有什么恶意。但是，另外一位主持人却感到尴尬和无措，觉得这是对自己的一种讽刺。

我们经常说："打人不打脸，骂人不揭短。"如果把别人的缺点和错误公之于众，会让别人下不来台，让别人感到十分尴尬和难堪。而且，我们都应该懂得"祸从口出"的道理。生活中其实本应没有那么多的纠纷，只是因为女人们喜欢凑在一起谈论一些家长里短的闲话，所以才引起了一系列的纠纷。

女人当面揭别人的短不仅给别人带来尴尬，而且也会显得自己道德低下、行为粗鄙，是一个没有修养的女人。

玲玲是一个漂亮的姑娘，但是她有一个难以启齿的毛病——她有很严重的狐臭。为此，玲玲一直很自卑。后来，玲玲做了去除狐臭的手术，但还是没有去除干净，她每天都得靠洗澡来掩饰身体上的缺陷。

上大学后，有个男孩追她，但是她一直没有答应。玲玲同宿舍的阿英问她原因，玲玲有一次没忍住就说了。阿英安慰说狐臭没有那么恐怖，并鼓励她要对自己有信心。玲玲听后非常感动，两人也因此成了无话不谈的好朋友。

有一次在上课的时候，玲玲和阿英因为一些学术上的观点问题而起了争执。二人各说各有理，吵得也越来越厉害。这时，阿英在恼怒之下，把玲玲有狐臭的事情大声说了出来。同学们都很吃惊，想不到漂亮的玲玲竟然有狐臭。玲玲听到阿英的话就傻了，然后哭着跑了。阿英说完后也很后悔，虽然她主动道了歉，但是两人的关系却再也不复当初。

阿英说的虽然是气话，但是给玲玲造成了伤害。从此以后，阿英在其他同学眼中的形象也会大打折扣，因为别人会觉得她不是一个能保守秘密的人，她这个人不值得信赖。

为什么有些女人一直要揭别人的短呢？其实最重要的原因就是控制不住自己的脾气，每当生气、尴尬的时候，理智会被冲动与愤怒淹没，人没有办法像平常一样思考。她们为了挽回自己的面子，或者是回击别人的挑衅，就会变得口无遮拦，专挑别人的痛处来说，从而给别人造成了深深的伤害。所以，作为一个优秀的女人，你应该学会控制自己的脾气。

此外，有些人因为自身或是别的原因，非常脆弱、多疑、敏感，她们很在意别人的话，会误会别人的无心之言，把一些无关的事情主动与自己联系起来。所以，如果不想成为一个讨人厌的女人，我们就应该学会说话。说话时，要注意自己的措辞和语气，注意照顾别人的感受，不要因为一时得意忘形而说一些让人误会或者是伤害别人的话。

总而言之，我们无论是在日常谈话中，还是在生气的关头，都应该学会控制自己的嘴，在说话之前一定要三思，学会用理智说话，做一个美丽优雅的女人，而不是被愤怒冲昏头脑的"丑"女人。

# 不能说"随便"，
# 否则就贬低了自己

曾经在网上看过这样一则笑话，只用了寥寥几句话就形象地说明了一个没有主见的女人是多令人无奈：

有一对情侣要去约会，男孩征询女孩的意见："周日我们去哪里约会？"

"随便，你说去哪儿都行！"女孩回答道。

男孩说："那去看电影怎么样？"

女孩说："又是看电影，没劲。"

"那去滑旱冰吧！"男孩儿说

"旱冰场那么吵，有什么意思？"

"那去公园呢？"

"你就不能来点有新意的吗？"

"那好吧，你说去哪儿？"男孩无奈了。

"我随便，你说去哪儿都行！"女孩儿说。

当然，这只是一则带有讽刺意味的笑话而已。但是在生活中，确实有这么一些女人，每当别人询问她们意见时，她们只会用"随便"两个字来敷衍，当别人帮她们拿定主意后，她们又挑三拣四，这也不答应，那也不允许。

小丽是一个脾气温和的人，一直都很担心别人不喜欢自己，所以就经常附和别人的意见，希望以此来获得别人的好感。有一次，小丽所在的部门召开了一次会议，会上有人提出了一个工作方案，其他人听后都表示了赞同，唯独小丽听后觉得这个方案还存在一些问题，于是就提出了疑问。结果，整个会议室的人都看向她，希望她能给出一个合理的解释及解决方案。小丽看到这种情况，担心因与其他同事的意见不符而把关系弄僵，于是赶紧说："那随便大家吧，我没有什么意见。"

小丽看似是为了不让自己和同事产生矛盾而进行了妥协与退让，希望用"随便"二字来表明自己的态度。殊不知，这种表达方式会让人反感，认为小丽是在敷衍，觉得小丽这样的人不可靠。而且，"随便"这样模棱两可的答案，会让人无法确定说话人到底是同意还是反对，反而让人更加疑惑。

如果一个女人张口闭口就是"随便"，就会让人觉得这个人要么城府很深，不肯轻易向别人透露自己的想法；要么就是这个人没有主见，任何风吹草动都可能让她改变自己的想法，会让他们觉得这样的女人不值得信任，当然也不会和她深交、做朋友。

生活中，有些女人喜欢随波逐流，别人说什么她也说什么，别人做什么她也做什么，像一个傀儡一样没有自己的思维。当今社会是一个开放的社会，人们都追求个性的解放和独立，都希望自己是一个特立独行的人。没有主见、喜欢说"随便"的女人，就像是众多星星中最不耀眼的那颗，没有任何特色而言。

丽华是一个很有主见的女孩子，这从她跟别人说话的方式上就能看出来。她和别人交流时，都会把自己的意见清清楚楚地表达出来，如果对别人的提议或者观点有异议时，也会大胆地说出来。所以，丽华的朋友很多，因为大家都觉得她为人真诚，是一个值得深交的好朋友。在工作中，丽华的"敢说""有主见"，也让她在一次次的活动中得到了老板的赏识，现在已经成为了一名优秀的管理人士。

紫珠从小就是一个沉默寡言的人，性格也比较懦弱，从来不敢反抗父母的话。她在学校期间，也一直很沉默。紫珠最常说的话是："我随便，你们决定吧。"渐渐地，同学和朋友们都不再询问她的意见了，也与她的关系疏远了。因为别人听到她的话，不知道她的真实想法是什么，只会觉得这个人不肯表露自己的心思，没有把她们当成朋友来看。

丽华和紫珠之所以有截然不同的人生经历，就是因为她们两个人一个有主见，而另一个却只会说"随便"。这告诉我们一个道理：女人要有主见，说话时要能够清晰地表达自己的想法，让别人知道你心里是怎么想的。

所以，对于别人提出来的意见和建议，女人应该及时地给予反馈。比如，朋友相邀去看电影时，不要用"随便"两个字来回答对方。如果喜欢看，应该明确地告诉对方；如果不喜欢，也可以用比较温和的语言拒绝朋友。一句"随便"，不仅让对方心中没底，还显得自己特别不真诚。

如果你担心直截了当的说话方式会伤害到别人，那么你可以用比较委婉的说法，比如你可以说："我认为今天我们去吃……比较好，你觉得呢？"或者是，"这个方案还不错，但是，如果这里再加上些什么，效果是不是会更好？"这样说话，既不会得罪人，还能表现自己的见解，不很好吗？

不做浮萍一样的女人，这很容易。只要自己经常思考，有自己的看法并且能够变得勇敢一点，敢于表达自己的观点，敢于说出自己的心中所想，就能让自己成为一个有主见的新时代女性。当然，我们说女人要有主见，并不是要求她们不分场合、不看对象地畅所欲言，而是应该在考虑到别人的感受的情况下表达自己观点，这样的女人才能成为一个"万人迷"。

# 不能让自己成为长舌妇

俗话说："好奇害死猫。"这句话用来形容女人再恰当不过了。生活中总有那么一群女人，每天都有旺盛的好奇心，恨不得知道所有人的隐私和秘密。她们为此而聚集在一起，交流各种八卦消息，整天散播一些无中生有的谣言。或许女人只是觉得这些八卦是生活的调剂，是无伤大雅的小事。殊不知，就是这些"小事"渐渐让女人为自己戴上了一顶"长舌妇"的帽子。

人人都有做明星的欲望，希望自己能得到别人的关注，希望自己能成为别人交相谈论的对象，希望得到别人的艳羡和赞赏。同时，人们也厌恶从别人嘴里听到有关自己不好的传闻和谣言。所以，一个懂得说话的女人应该学会收起自己的好奇心，学会适时地"装聋作哑"，让自己成为一个聪明的女人，而不是一个只会八卦的愚蠢女人。

很久以前，村子里有一个长舌妇，她的舌头很长，经常"东家长，西家短"地聊别人的八卦，为村子里的人所不喜。慢慢地，村子里的人都知道这个长舌妇的舌头有两个嗜好：一个是伸进别人家的井里把清澈的水搅浑，另一个就是把别人家的浑水搅得更加浑浊。这让村子里的人都对她感到厌烦，大家见了她，就像避瘟神似的避开。

村里的人都远离了长舌妇，让她没有八卦可听、可聊。日子一长，长舌妇就憋得难受，觉得自己的舌头越来越痒。没有办法，长舌妇为了满足自己八卦的欲望，开始掺和小昆虫们的生活。这直接导致村子里的小昆虫们经常斗殴，使昆虫们的治安状况急转直下。

有一天，长舌妇发现了一群蜜蜂聚在一处，她的舌头又奇痒难当，于是就开始在蜜蜂之间说个不停，唾沫四溅。结果，长舌妇刺激了蜜蜂们，蜜蜂群起而攻之，在长舌妇的舌头上咬了无数的包。

其他村民听到长舌妇尖利的惨叫声后，纷纷赶来。他们看到，长舌妇的舌头已经被蜜蜂咬得红肿起来，她再也不能清楚地说出一句简单的话。

虽然这只是一个寓言故事，但是生活中确实有些女人喜欢说三道四，就像故事中的"长舌妇"一样令人讨厌。这些女人往往有着一身颠倒黑白、混淆是非的本领，把本来简单的事情弄得非常复杂，把别人的幸福生活弄得一团糟。所以，人们为了自己的幸福生活着想，肯定会远离她们。

其实，"长舌妇"不是天生的，而是由后天的原因造成的。女人并不是生来就喜欢四处散播八卦消息，喜欢探听别人的秘密，只是因为有些女人的好奇心比较旺盛，对未知的事情充满好奇；同时，女人有一种很强的虚荣心理，互相之间无论什么都要攀比，希望别人过得不如自己，希望自己能够比别人更优秀。基于这样的心理，那些女人就对别人的生活充满了好奇，希望知道别人过得怎么样。

慧芳结婚后，就辞职在家做了一个全职的"家庭主妇"，每天都忙于家务和生活琐事。这样的日子一长，慧芳的眼界渐渐地变窄，而她的"好奇心"开始疯狂滋长。慧芳不再关注时事新闻，她的兴趣爱好也变成了别人家里的家长里短和柴米油盐。不仅如此，慧芳还发现，在这个主妇圈子里，有人知道别人不知道的事情是一件很了不得的事情，是可以大肆炫耀一番的。慢慢地，慧芳就和附近的其他家庭主妇一样，"好胜心"和"好奇心"开始膨胀，不仅开始关注别人的生活，而且对别人家里发生的事情非要弄个底朝天。这样一来，慧芳因为生活的乏味、枯燥，加上好奇心日渐繁盛，终于变成了一个讨人烦的"长舌妇"。

由此可知，生活的枯燥、无聊也是滋生女人们"好奇心"的温床。一些女人结婚后选择做一名家庭主妇，这使得她们的生活乐趣越来越少了。这时，女人们为了给自己找些乐趣，就开始四处搜寻新闻，对别人的事情充满了好奇，希望能够通过这些八卦消息来让自己的生活变得丰富多彩。可是，结果往往适得其反，只会让自己从一个可爱的女人变成一个越来越讨人厌的"长舌妇"。

一个人拥有好奇心本是一件非常好的事情，然而，如果好奇心没有运用到正确的地方，既给别人带去伤害，也会伤害到自己。俗话说："说人长短是非多。"女人，要想有一个好人缘，要想有一个幸福美满的婚姻，要想自己的事业蒸蒸日上，就应该在生活和工作中学会控制自己的好奇心，做好自己的本职工作。

# 女人"刀子嘴"，
# 伤了别人的"豆腐心"

我们经常听到别人这样形容一个女人："她就是'刀子嘴，豆腐心'，其实，她人很好。"我们在生活中，肯定也会碰到这样伶牙俐齿但是心肠不坏的女人，也会有人觉得这样的女人很可爱。她们蛮直爽的嘛！然而，我们更应该看到，"刀子嘴"有时候会深深地伤害别人的"豆腐心"。

有一对情侣相爱四年了，他们之间的感情一直都很好。第四年的时候，男孩参了军，两人约定等男孩复员回家就举行婚礼。在男孩参军的第一年，他们两个人每周都会通一次电话，诉说思念之情。有一次，两人因为一些事情在电话中大吵一架，女孩张口就说了一句："你真是恶心透了，怎么不直接去死？"女孩说完后也很后悔，但是又拉不下面子向男孩道歉，于是就挂了电话。可是，从此以后，男孩再也没有主动联系过女孩，而女孩主动打电话也找不到男孩。刚开始的时候，女孩还一直担心：男孩是不是出了什么事情？时间一长，女孩就觉得不对劲，开始怀疑男孩是不是和其他女孩好上了？

女孩每天都在胡思乱想，越来越觉得男孩要甩了她，因此她号啕大哭，每天都控制不住地对着无人接听的电话大声叫骂："你这个该死的！为什么都不和我联系？你想这样甩掉我？我告诉你，门儿都没有，除非我死了！就算我死了，我也不会让你就这么轻松和别人好的！"就这样，女孩每天都愤愤地咒骂男孩，骂得越来越难听，越来越恶毒。终于有一天，女孩的哥哥再也听不下去了，把男孩在一次演习中牺牲的事情告诉了她。此时，听到这个消息的女孩早已泣不成声，她宁可男孩是真的甩掉她，也希望男孩能够活着。女孩非常后悔，后悔自己在最后一通电话里说那么恶毒的话，可是此时说什么都已经晚了。

女孩因为生男孩的气就说出了一些伤人的话，结果却一语成谶，男孩真的就此离开了人世。生活中有许多伤害和矛盾，都是因为这些伤人的话而造成的，人与人之间的关系也因此而变得糟糕。所以，尽管有的女人长相漂亮，但有时候却会说出一些刻薄的话语，把别人的"豆腐心"扎得千疮百孔。

其实，她们说出这些伤人的话，往往也不是有意的。女人之所以"刀子嘴、豆腐心"，就是因为她们对一些人还抱有期望，希望能够用一些话来唤醒对方；另一方面就是女人的情绪压抑到了极点，迫切需要一个发泄口，所以才会说出一些难听的话。但是不管是何种原因，这些话确实伤害了别人。因此，好女人应该学会管住自己的嘴，让自己学会说话，练就一张能说会道、舌绽莲花的巧嘴。

那么，女人如何管住自己的嘴呢？

**1. 懂得说话的女人会捡别人爱听的话说。**

有些话，用两种完全不同的方式表达出来，纵然都能起到类似的效果，但是会说话的女人会挑一个对方喜欢的方式来说。这样的谈话既达到了效果，又在对方心里留下了一个好的印象，还能彰显一个女人的魅力。

### 2.要温和地说话。

人们常说"女人是水做的"，这是因为女人温婉、和煦，像涓涓细流一样能抚慰人心。所以，懂得说话的女人在说话时会注意分寸，会选择用温和的语气、婉转的话语把自己的想法表达出来，这样既能安抚别人的情绪，还不会伤害到别人的自尊心。

### 3.直爽并不等于直接。

有些女人误以为直爽就是直接，有什么说什么，有什么做什么，即使伤害了别人也还一如既往。其实，并不是这样。即使是心直口快的女人，在说话时也要注意照顾别人的感受。这样，才能在不得罪人的基础上，说出自己想说的话。

### 4.注意选择说话的方式。

如果是了解你的人，知道你是直来直往的性格，那么就不会太在意你的说话方式。但是，如果是不了解你的人呢？不了解你的人听到你这样说话，只会觉得你是一个难以相处又为人恶毒的女人；如果对方恰好是一个心胸狭窄的人，听见你这样说，即使表面不说什么，但是肯定会对你怀恨在心。

总之，女人在说话时应该选择一个让对方听得愉快、自己说得舒畅的说话方式，这样不仅对双方都有利，也能让自己做一个既有一颗"豆腐心"，又有一张巧嘴的好女人。

# 贬低他人的女人输了优雅

有些女人习惯刻意地抬高自己，在外人面前尽量地把自己的优势突出出来。其实，在社交场合中，抬高自己是一种非常正常的社交思维方式。可是，有些女人为了抬高自己，不惜贬低别人，好像没有一片绿叶来衬托，就显示不出自己这朵鲜花的美好。

所以，在生活中，我们经常会看到有些女人背着奢侈的包包、穿着时髦的衣服来彰显自己的优秀，还老拿别人跟自己作比较。这样做，表面看虽然是抬高了自己，却得罪了别人，同时也让别人觉得你的人品不好，影响了你在别人心中的印象。

有一位太太非常喜欢贬低别人，但是她不知道的是，她在贬低别人的过程中并没有抬高自己，反而暴露了自己的缺点。

这位太太经常对别人说："我就非常不喜欢外国人的高鼻梁。我们是中国人，要那么挺的鼻梁干什么？你看，大象的鼻子倒是很大，但是一点儿也不好看。而且，我跟你说，鼻子大的人都目空一切，自命不凡。"这位太太说得很夸张，话语中又带有很强的感情色彩，就让听的人忍不住观察她的鼻子，才发现原来她的鼻子又小又矮。

这位太太还说："长得肤色太白的人也不好。现在流行健康美，人们都会把自己的肤色晒成古铜色，这样看起来也很性感。你看那个谁，皮肤长得那么白，每天都一副营养不良的样子，看着就知道她身体不好。"这位太太说了这么多，不由得让听她说话的人又注意了一下她的皮肤。原来她的皮肤很黑，而且还比较粗糙，看起来确实很"健康"。

随着这位太太的各种言论的不断发表，人们也渐渐看到了她的真实相貌，也都明白了她的这种心理是为何产生的了。

上面例子中的太太企图通过贬低别人来抬高自己，掩饰自己身上的缺点，结果却适得其反，让自己陷入窘境之中。这就好像一朵鲜花找了一片绿叶来衬托自己，结果鲜花即将枯萎，而绿叶新鲜如初，不仅没有起到衬托的作用，反而夺走了鲜花的光彩。所以，并不是贬低别人就一定能够让自己更优秀。

既然如此，生活中为什么还是有些女人喜欢贬低别人呢？一般而言，喜欢贬低别人的女人不外乎有两种类型：第一种类型的女人，她们本身的条件就不错，但是由于虚荣心作祟，希望自己拥有的东西都是最好的，也恨不得告诉全世界这种东西是最好的；另一种就是自身的条件不是很好，非常自卑，却为了面子和尊严而不得不掩盖自己的缺点，做出一副自信满满、谁也不如她的样子。

可是，不管是何种原因，贬低别人而抬高自己都不是明智的做法。靠贬低别人来凸显自己，就算一时显示了自己的优势，但是在这个过程中，你对别人造成了伤害，已经使自己的人格大打折扣，终究使自己成为了没有气质、粗俗的女人。

李女士在一家国企上班，她的丈夫也是某部门的干部，儿子也非常听话，这一切都让李女士感到自豪，每天总是利用一切机会让人们知道她的幸福和骄傲。

有一次，一位同事在遗憾自己的儿子高考差两分没被名牌大学录取，一旁的李女士听到了，就插嘴道："唉，真是的，我家儿子也不争气，我一直想让他上清华，结果他这次只考上了人大。"这话一出，旁人自然不难看出，李女士是在炫耀，于是整个谈话的气氛就有些冷淡了。

后来，李女士因为一些原因进行了人事调动，她满以为自己会被热情欢送，谁知道当天只来了一名人事干部，也只是例行公事而已。

或许李女士只是一时的无心之言，但是，她的这种自夸、自傲却是建立在"我儿子比你儿子强"的姿态上，自然就会让别人感到不舒服。

一个女人是否漂亮，可以通过衣着、化妆来修饰；但是，一个女人是否高雅、有气质，并不是通过外在的东西来表现的，也不会通过贬低别人就能体现出来的，关键在于自身的修养。适当地抬高自己并不是清高自负，但是在言行上贬低别人，用旁若无人的高谈阔论、矫饰的表情、夸张的动作来表现自己，就会使人反感。

不仅如此，为了抬高自己就贬低别人，还显得自己心胸狭窄，也会让被贬低之人怀恨在心，阻碍事业的发展和家庭的幸福。女人要谨记，绝对不能肆意贬低他人，否则就会让自己的形象跌入谷底，在交际方面必将遭受重创。

# 只懂"吹牛皮"的女人
# 注定是人生的输家

我们平常看家庭伦理剧时，都会讨厌里面那些爱吹嘘、爱炫耀的女人，觉得她们非常肤浅。其实在现实生活中，我们也经常会碰到这种女人，她们喜欢将一些能够显得自己优秀、高贵的事情挂在嘴边，喜欢吹嘘自己财产多、朋友有身份，喜欢秀恩爱、比孩子，以此来向别人证明自己方方面面的优越。她们认为，把别人比下去，会让自己更加有面子。

女人的虚荣心使得她们在讲话时喜欢夸大其词，把一些事情说得前无仅有，嘴皮子非常顺溜，看起来像一个"吹牛大王"。爱吹嘘的女人在生活中非常让人讨厌，因为她们说的哪句是真话，哪句是假话，别人有时弄不明白。可以说，在一定程度上，吹嘘也是一种欺骗。没有人喜欢被欺骗。

丽娜从小就喜欢吹嘘自己有多优秀，喜欢说大话。这个毛病到她参加工作后仍然没有改变，为她带来了不少的麻烦。

丽娜大学毕业后开始找工作，她凭借着一张能说会道的巧嘴，成功地通过了一家上市公司的面试。正式上班后，丽娜对工作很认真，由于她业务能力强，也深受领导好评。有一次，领导找到她说："小娜啊，你不是会音频编辑吗？今天下班之前你把这个策划案用音频形式重做一遍，明天交给我，我要拿去给明天的新客户看。"丽娜一听就傻眼了，对领导说："领导，我不会音频编辑啊？"领导听后奇怪地看了看她说："不会？当时你面试的时候，不是自己说会用音频编辑的吗？"

丽娜没想到，她面试时为了显示自己的才能，就随口编了一个特长，结果竟然让领导记到了现在。丽娜不知道应该怎么办，而领导还在看着她，等着她回复。没办法了，丽娜只好犹豫着说道："我只是懂一点皮毛，如果让我一个人单独做这个东西，我是做不来的。"领导听后，并没有说什么，只是让丽娜回去继续做自己的工作。然而，从那以后，丽娜就感觉到领导不怎么喜欢她了，也不安排什么好的机会给她。这样没过多长时间，丽娜就自己辞职了。

丽娜为了找一个好的工作，为了显得自己比别人优秀，就吹嘘自己会一些技能、特长，结果却搬起石头砸了自己的脚，给自己烙上了"虚假"的烙印，也让自己的工作打了水漂。谎言就像个气球，终有被戳破的一天，当我们把自己的某种能力无限夸大时，就应该想到牛皮终会有吹爆的一天。

女人之所以喜爱吹嘘，主要是因为爱慕虚荣。一些女人喜欢得到别人的追捧和关注，但是自己的能力却又不足，在生活、工作中都没有什么出彩的地方，所以就需要靠嘴皮子来对自己进行"包装"。结果当别人真的用实践来检验的时候，她们的真实面目就暴露了出来。

女人为了虚荣心而在别人面前吹嘘自己，这对别人往往构成了一种不尊重的表现。比如当一个女人正在兴高采烈地向别人展示自己新买的一款皮包时，另一个女人突然打断对方，说自己在这款包新出来时就已经用原价买了一个，言外之意就是对方凭打折买来的东西根本不值一提。女人这样的一句话虽然向其他人吹嘘了自己，却也得罪了对方。

喜欢看春晚的人，肯定都对早几年的"实话实说"这个小品印象深刻。在小品里，赵本山和宋丹丹给大家塑造了两个非常搞笑的人物形象——黑土和白云。其中，宋丹丹饰演的白云角色就是一个喜爱说大话、吹嘘自己的农村老太太。白云自从在电视上火了以后，就觉得自己不得了，成为了一个大人物。再遇到小崔时，说了很多牛皮大话，结果被别人拆穿之后成了笑话。

一般来讲，爱吹嘘自己的女人都是华而不实的人。当女人被贴上"爱吹嘘的人"的标签时，想要重新树立自己在别人心中的形象就会变得很难。吹嘘自己的女人肯定没有想到，当她们用吹嘘的方式抬高自己的身价、表现自己的优秀时，一旦别人把她的话当真，而她又不能兑现，那场面一定尴尬极了。

总而言之，女人与其花大把的时间与精力来吹嘘自己、欺骗别人，为自己圆一个又一个谎话，还不如利用这些时间来加强学习，提升自己的能力，做好自己的本职工作，用事实来告诉别人你是一个非常优秀的女人。

# 别让自己
# 输在那些"忌语"上

一个女人要想有属于自己的人脉圈，要想有一个好的人缘，有幸福美满的婚姻和家庭，就应该学会在什么样的场合、面对什么样的人说什么样的话。人际交往是一门高深的学问，有些话在交往中是绝对不能说的。

有些女人在生活中经常不注意这个问题，谈话时一打开话匣子就刹不住车，滔滔不绝地说个没完没了，也不顾及别人的感受，想说什么就说什么，还自以为善谈、会说话。殊不知，这样的女人早就在无形中把周围的人得罪了个精光。

人际交往有禁区，女人在与人交谈时一定要注意远离这些"禁区"，以免让自己的人际关系变坏。这里说的禁区，不单指面对陌生人，面对亲人和朋友也是这样。而且，由于和人的关系远近的不同，说话时的场合和环境不同，女人在面对不同的人时要说的话也应该有所差别。

索菲娅·安德耶维娜·巴赫斯是俄国伟大的文学巨匠列夫·托尔斯泰的妻子。他们两个人在结婚前曾经有过一段非常浪漫的爱情，在婚后也有过一段非常幸福的婚姻生活。但是，时光还是让这一对相爱的情侣变成了老死不相往来的"仇人"。

一段婚姻维持不下去，夫妻双方肯定都有问题。但是，托尔斯泰的妻子索菲娅的所作所为，应该对这段婚姻负很大的责任。索菲娅是一个钟爱奢华、名声和财富的人，刚开始两人的生活还非常富裕。但是到后来，托尔斯泰思想上发生了一些转变，他坚持把他的著作版权、财产送给别人，而自己去过下田耕作、砍柴除草的穷苦生活。这让索菲娅难以理解和接受，为此她经常向托尔斯泰哭诉、唠叨和谩骂，甚至以自杀相逼，威胁托尔斯泰不要把家里的财产捐献出去，希望托尔斯泰写更多的书来赚更多的钱。

索菲娅的行为让托尔斯泰非常反感，他又没有及时跟索菲娅沟通，这导致他们彼此之间的距离越来越远。终于有一天，82岁高龄的托尔斯泰因为不堪妻子的唠叨，竟然从家中逃离，却因为肺炎病逝于一个破旧的火车站。而这位大文豪临死前的要求，竟然是不许他的妻子到他身边来。

人们都说婚姻是爱情的坟墓，唠叨又何尝不是婚姻的坟墓？索菲娅无休止的唠叨、抱怨换来了这样的结果，让曾经相爱如斯的两人到最后却形同陌路。索菲娅在逝世前也终于认识到了自己的错误，她痛哭流涕地对着她的女儿们说："是我害死了你们的父亲。"可是，这已经为时已晚。即使索菲娅再怎么懊悔，也无法挽回他们逝去的爱情和婚姻了。

无论是在人际交往中，还是在日常生活中，无论对方是亲人、朋友，还是一个陌生人，女人在说话时都应该避开那些"雷区"。那么，具体说来，女人在与人说话时应该注意哪些禁忌呢？

说话不应喋喋不休，应长话短说。不要以为一个人在那儿说个不停就是口才好，就是能说。能说的标志是"会"说，就是说出的话既能让别人喜欢听，又能让别人主动跟你说。有些女人说话非常罗嗦，明明用一句话能表达清楚，偏要叽里呱啦地说一大堆，让人听得云里雾里。这样说话的女人，不仅不能让别人觉得她能说，还会让别人觉得她讨人厌。

说话不应尖酸刻薄，应温和有礼。荀子说："与人善言，暖于布帛；伤人之言，深于矛戟。"这句话的意思是说，温和有礼的语言就像布帛一样能给人带来温暖，而一些刻薄话却会像兵器一样能够给人带来伤害。道理我们都知道，但是在生活中偏偏就有些女人在说话时喜欢指桑骂槐，或者是言语刻薄，给别人带来伤害，让人伤心至极。

瓦特·丹鲁什是美国最伟大的演说家之一，他一家人相处融洽，非常让人羡慕。当丹鲁什被问及幸福的秘诀时，丹鲁什回答说："这完全归功于我的太太。"

原来，丹鲁什太太在结婚后不仅把家庭照顾得很好，而且对家里的每个成员都给予充分的尊重。丹鲁什夫人从不会像泼妇一样对着丈夫、孩子咆哮，也不会数落起丈夫的毛病就没完没了，更不会每天八卦别人的私事，她每天想的都是如何让丈夫和孩子们渡过这美好的一天。

丹鲁什太太就非常懂得说话的技巧，所以她才能拥有一个美满的婚姻和幸福的家庭。如果，丹鲁什太太也像索菲娅一样整天唠叨、哭闹，她的家庭又怎么会幸福呢？由此可知，女人是否会说话，对家庭幸福有着深刻的影响。

说话不应八卦别人的私事，应有分寸。人都是领地意识非常强的动物，如果有人打听他们的私事，会使人感到自己的隐私受到侵犯，所以从心底排斥这种情况。所以，女人在说话时要注意以下几点：别问男人的收入、身高等问题；别问女人的年龄、家庭状况等问题。而对于一些宗教信仰者，更不要当着他们的面随便议论宗教、信仰……

　　说话不应逢人就诉说自己的不幸，应积极向上。鲁迅曾在《祝福》这篇文章中深入地刻画了一个女性形象——祥林嫂。祥林嫂就是一个逢人就诉说自己不幸的典型代表。她刚开始还能博得别人的同情，但是时间一长，别人再听到这些话，不仅无动于衷，甚至都会感到厌恶。

# 【第四章】

# 幽默的女人不会让
# "玩笑"变"可笑"

幽默、风趣的人无论到哪里都受人欢迎，懂得幽默的女人更是男人们追逐的对象。幽默，能够给别人带来欢乐，能够化解尴尬、调节气氛，能够让自己显得光彩照人……因此，要想成为一个有魅力的女人，就一定要懂得幽默。

# 幽默是女人增添魅力的秘诀

女人们都想成为一个"有魅力的女人"，但魅力来自哪里呢？可能源自得体的装扮、甜美的笑容、温柔的个性……还有，如果能同时再多一点幽默，那么就更能彰显女人的魅力了。

女人没有幽默感，就会如同鲜花没有香味，让人总感觉少了那么一丝神韵。因为幽默的女人与众不同，能长久地吸引人们的目光。

幽默的女人是豁达乐观的。现代女性面临着家庭、事业的双重压力，极容易陷入一种压抑的状态中。而具备幽默能力的女人则能借助幽默的语言，合理、适度地调整自己的心情，从而既没有"储存快乐、过时作废"的担忧，也没有"怨艾郁积、累累成愁"的隐患。幽默的女人身上时刻彰显着一种豁达的气度，乐观的风采。她们不因为困难而畏缩。她们的魅力，变得清晰起来，有了生动的韵味。

幽默的女人是自信迷人的。自信是最有魅力的表情，而幽默恰恰展示了一个人的自信。那些拿自己的缺点劣势自嘲的人，看似是自己看不起自己，实则是相信自己，不畏惧自己的缺陷被人评说。那些在困境中犹可以谈笑风生的女人，无疑是开朗豁达的，必定会受人喜爱的。

幽默的女人是热爱生活，积极向上的。幽默是一种健康的品质，更是一种生活的情趣。所以，我们能从幽默的女人身上感受到她对生活的热情。在快节奏的现代社会中，生活的压力是无处不在的，没有哪个男人希望在外奔波忙碌了一天回到家看到的是一副死气沉沉的面孔。如果面对的是一个幽默的女人，那他的疲惫心情就会得到缓解，慢慢畅快起来。

幽默的女人是聪慧机敏的，因为幽默是一种随机应变的能力。具有幽默能力的女人，能够用幽默化解尴尬，缓和矛盾，令人称奇、叫绝。

著名主持人杨澜曾在广州担当一场文艺晚会的主持人。杨澜上场时，一不小心踩空，滚落到台下。意外一出，满座哗然，一些观众甚至还吹起了口哨。登台亮相时的马失前蹄可以说是主持人遭遇的最大尴尬，因为意外摔倒带给观众的滑稽感觉破坏了晚会的演出气氛，也有损主持人的公众形象。

然而，杨澜镇定自若，重新上台，笑着说："真是人有失足，马有失蹄啊，我刚才的'狮子滚绣球'还不够熟练吧？看来这次演出的台阶不那么好下啊，但台上的节目会很精彩。不信你们瞧他们……"

杨澜出丑后，并没有刻意回避尴尬，而是利用风趣、机智、幽默的话语巧妙地摆脱了困境。紧接着一句"狮子滚绣球"的幽默自嘲，化解了观众中的不友善行为。最后，杨澜利用台下和台上的关联，顺势引出精彩节目，把观众注意力转移到节目中来。杨澜的幽默应变，不得不让我们叫绝。

幽默是女人的秘密武器，是女人增添魅力的要诀，女人们都想成为一个幽默的人。然而，并非每个女人都能成为幽默的人。因为幽默不是一件容易的事情，需要我们好好学习。

**1. 我们要弄清什么是幽默，领会幽默的内涵。**

要知道，幽默不是油腔滑调，也不是嘲讽，不是插科打诨，而是思想、学识、品质、智慧和机敏在语言中的运用。正如作家王蒙所说的："只有从容才能幽默，平等待人才能幽默，超脱才能幽默，游刃有余才能幽默，聪明透亮才能幽默……浮躁难以幽默，装腔作势难以幽默，钻牛角尖难以幽默，捉襟见肘难以幽默，迟钝笨拙难以幽默……"

**2．要有豁达的心胸。**

心胸狭窄的人很难成为一个真正意义上的幽默的人。他的所谓幽默，很可能是让人不舒服的尖酸刻薄。实质上，幽默是一种宽容的精神表现，所以要做到真正的幽默，应该抛弃那种事事斤斤计较的做法，用乐观、豁达的心态看待事情，尤其在逆境中更要从容乐观。

**3．扩大知识面。**

幽默是以丰富的知识为基础的，只有有了广博的知识，才能自由联想，妙言成趣。因此，我们就要不断地充实自我，增长见闻，多读、多看、多听、多学。同时，我们还要提高观察事物的能力。一个人只有迅速敏捷地捕捉事物的本质，才能用诙谐的语言令人们产生轻松的感觉。

女人们请尽情微笑，尽量轻松地面对生活，保持你的聪明和幽默感，做一个懂得说话的优雅女人。

# 幽默一下，"女王"也可亲可近

在当下，有很多女人是"女强人"，是"职场女王"，是"业界女王"，能力很强，但是言谈方面却是一个缺陷。这些人或懒得与其他人沟通，或者不屑与其他人交际，结果弄得被众人疏远、孤立。人际交往不顺，必然影响工作和生活，令她们颇为烦恼。

其实，要解决这一困局，需要一剂良药，那就是幽默。幽默，给人一种可亲的感觉，而懂得幽默的人会让人更容易亲近。

英王伊丽莎白二世证明了这一点。

2012年，伦敦奥运会开幕式时，英国"女王"竟然从直升机上"纵身跳伞"到"伦敦碗"上，着实吸引了全世界人的目光。虽然这一"女王"是替身，但却侧面反映了赞同了这一出场计划的女王的幽默感。

在日常活动中，英王伊丽莎白二世也因幽默使得很多人喜爱她、亲近她。

2005年4月9日，查尔斯王子结婚，当日也是英国人非常关注的英国越野障碍赛马国家大赛举行的日子。英王伊丽莎白二世不能到场观看比赛，但是，在查尔斯王子婚礼的招待会上，女王幽默地说："我有两件重要大事要告诉大家。第一件，'障碍猎手'赢得越野障碍赛马大赛；第二件，尽管赛马中有各种障碍，但我的儿子还是闯过来了，这令我感到十分骄傲，祝他们幸福。"女王借助赛马中的障碍形容查尔斯在爱情道路上的波折，既生动又幽默，赢得了现场的一片掌声。

2010年英国最年轻的宫廷画师鲁伯特·亚历山大为女王画像，事后其透露，女王言谈非常幽默，与他欢快地聊了很多家长里短。他说："女王的幽默有一种由内而外的感染力，当她坐着一动不动的时候，你能感受到那种震慑人心的力量。"

可见，懂得幽默的人，确实可以用言辞拉近人的距离，让人更容易亲近。即使尊贵得令人不敢仰视的女王，也能用幽默的言谈获得交谈对象的真心喜爱。

很多女人可能羡慕那些社交上的红人，觉得他们天生就会来事，总能打圆场，朋友满天下。其实，这种能力并不是先天的，而是后天修炼出来的。这些人一般都开朗乐观、豁达大度，有幽默感。因此，若你是大家孤立的人，就用幽默去打破这无形中的枷锁和人与人之间的隔阂吧。

那具体如何把幽默带到工作当中呢？ IBM第一位中国本土女性高管周忆的故事或可被借鉴。

周忆几乎是集美貌、智慧、理性、优雅于一身的完美女性，曾被称为"IBM的一道亮丽风景线"。2001年，周忆刚进入IBM，就有了"空降女兵"的称号。对此，周忆笑着说："那是一句可爱的玩笑。说女兵是因为我军校出身嘛，说空降差不多是形容我去IBM之前，那个企划部总经理的职位空了一年多，而我当时对IT一无所知。我的团队26个人，内地、港台都有，个个是高手，都在IBM工作六七年了。我属于'啪'的一声掉下来，两眼一抹黑的那种。"

IT行业一直是一个男性占主导地位的领域，女性员工寥寥无几，更不要说周忆是以领导者的身份出现的。而且，IBM的企业形象素来是稳重、严肃的，若公司遇到重大问题，同事们都是坐在一起严肃地开会，弄得气氛很紧张。而周忆是怎么做的呢？

上任没有多久，周忆就推行了"清新"的工作方式。在遇上难题时，她总是邀请同事们与她一起打球、喝咖啡。严肃的问题在轻松的氛围中很快就被解决了。年终总结大会上，她亲自担任主持人，衣着得体，优雅而不失庄重，谈吐机智、幽默，让员工捧腹大笑。

对于女性领导来说，懂得交际交流是十分必要的。良好的交际能力和表达能力能帮助女性高管起到上传下达的作用，帮助她们上下贯通，并与客户、政府部门、媒体等建立良好的合作关系。不难想见，如果女性领导者能够不断地淬炼自身，便能在工作中游刃有余，并与其他人相处愉快。

此外，女强人或女性高领导者要注意以下两点：

**1. 要学会用幽默把严肃的话题变得有趣。**

我们常发现，同样一句话或一件事，有人说出来使大家感到轻松、舒服，有人说出来却会使人觉得沉重、压抑。究其原因，前者说话幽默，而后者不然。可见，幽默可以让严肃的事情变得轻松，便于沟通。而要达到这个目的，可把几个相互无关的话题当成幽默的素材，用诙谐的言辞表达出要义。

**2. 批评他人时，直言劝谏或严词指责不如幽默地批评。**

众所周知，在批评时，被批评者往往心理紧张，或对抗，或沮丧，这些情绪大大阻碍了批评的进行，影响了批评改正的效果。但是，倘若女性领导者会用幽默的语言来含笑讲道理时，或者凭借幽默的故事进行旁敲侧击，往往更加容易触动批评者的心灵，同时也不伤感情，这不是两全其美吗？

　　女性高管，是否只有雷厉风行、精明强干、刚毅果决的一面，像女王一样严肃郑重，令人避开疏远呢？不是的，从现在起，培养幽默感，面带笑容与大家沟通交往，必能让"女王"收获他人的亲近和喜爱。

# 说话幽默
# 能拥有更多的"粉丝"

当前是微博时代，国家领导人、演员明星和普通民众，都纷纷占据微博阵地。而微博粉丝的数目则显示着对博主的关注度和支持度。著名演员姚晨一直有"微博女王"之称，粉丝数量逼近五千万人。为什么姚晨的微博能有这么多粉丝支持呢？

答案就是两个字：幽默。众所周知，姚晨具有幽默搞笑的能力，《武林外传》中的"郭芙蓉"让大众记住了姚晨的幽默可爱，而在微博平台上，姚晨更是用幽默的语言、亲和的态度，加上直观有趣的图片，吸引着人们的目光。

在姚晨的微博中，她的爱猫"八顿将军"出镜率很高。一次，姚晨贴出一张照片，上面的八顿被装进了一个白色手提袋里，并挂在了门把手上，两只小爪并在一起，像是在作揖，眼神里满是无辜和哀求。照片底下写着"对偷吃者的惩罚"。据说，是八顿偷吃了姚晨的美食，当场被主人逮住，予以"惩戒"。其微博粉丝纷纷围观，并评论发言。

姚晨不但在微博上幽默搞怪，也用幽默的话语回应着工作中的大事小事。

2012年，姚晨为《时尚先生》所拍摄的封面被评选为当年度的

"最丑封面"。评选结果出炉之后，姚晨幽默回应道："好遗憾，我只是本年度最丑？下次争取拍一本世纪最丑的封面！感谢天涯，感谢海角，我会继续努力的！"一番调侃幽默又大方，网友们纷纷赞誉姚晨心态好。

姚晨曾获"微博年度风范人物奖"，但是她却开玩笑说让工作人员转赠给"微博小秘书"，因为"三年来，每逢有事发生，被删帖、被屏蔽，我们第一个骂的就是小秘书，但她（他）始终打不还手，骂不还口，低调得连是男是女都搞不清。所以，'风范奖'非小秘书莫属。"

姚晨的幽默让她在微博时代征服了数千万粉丝的心。其实，不管是在微博平台，还是在现实生活中，说话幽默都能使我们获得人们的欢迎、喜爱和拥护。

现实中，有些女性总是抱怨自己的话语没吸引力，感觉对方好像听着听着就不耐烦了。这种没吸引力其实就是说，语言干巴巴的，不精彩，没有幽默感。这样自然就不能吸引到听众和"粉丝"了。

诚如之前所说，口才都是经过刻苦的锻炼和平时的积累所得来的。在平时，我们要多积累一些很有哲理感的笑话，在适当的场合将其用自己的语言表现出来，这会令人开怀大笑。另外，中外的幽默大师不少，不妨多琢磨一下那些大师的说话技巧，从中学习，然后运用到实践中。一开始，我们背诵笑话，偷笑点，可能很难用，甚至会用错地方，弄得很尴尬。但是，只要在一次次的冷场和尴尬中坚定信心，那就能培养出幽默感。到那时，不用偷笑点，不用背笑话，自己就能妙语如珠，令人开怀大笑。

在使用幽默语言时，我们有几点技巧或可采用。

**1. 学会自嘲。**

自嘲是幽默中最重要的一种方式，但是，由于女人的脸皮比较薄，没有勇气把自己的缺点、尴尬展示在别人的面前，因此很少有女人能够这样做。所以，聪明、大度的女人在说话的时候不妨尝试一下"自嘲"的幽默手段，那会起到意想不到的效果。需要注意的是，自嘲，并不是贬低自己，更多的时候，这是一种良好的个性，是展示一个女人洒脱、优雅的途径。只是，自嘲要适度。

**2. 说话的环境影响着说话者的创造和发挥。**

当无话可说的时候，不妨用幽默的方法打破僵局。在交谈过程中，谈话不要仅限于一个话题上，多增加一些幽默的题外话。

**3. 幽默只是手段，而不是目的。**

我们的目的是拉近和他人的关系。所以，不能为了幽默而幽默，一定要根据语境，适当地选用幽默的话语。切记，故作幽默，反而会弄巧成拙。

一言以蔽之，幽默有助于彼此之间的交流。有些女性，若想引起别人的交谈，若想与其有一场很愉快地谈话，若想让自己的话说得有意思，就应该会用幽默，善用幽默，让幽默为自己的魅力值加分。

# 一句玩笑话融化别人的心

与不相熟的人交谈时，谈话对象对我们并不了解，所以可能会下意识地抱有一种戒备心理。这种戒备心理是我们与对方交谈的障碍，可能会影响整个交际过程。如何才能降低对方的心理界限，消除对方的戒备心理呢？有时候，你只需要说一句幽默的话。

性格开朗的方琳是个在爱情方面有点木讷的女孩，见到相亲对象就紧张。最近，她却因一句笑言获得了一个男人的心。

上个月，方琳去相亲，男方看起来很不错，比较合她的眼缘。于是，她终于鼓足勇气问对方："你喜欢什么样的女生？"男方想了一下，说："我喜欢投缘的女生。"方琳一开始很紧张，没反应过来，急问："一定要头圆的吗？头稍微有点方的不行吗？"男方听了之后，哈哈大笑。方琳也缓过神来，为自己的话笑起来。接下来，两人的谈话就轻松、融洽了许多。

方琳因为紧张，把"投缘"理解成了"头圆"，进而问出了一个幽默的问题。而这一幽默，则使男方笑了起来，降低了心理防线，对方琳产生了一些好感。而且，这一幽默的话，也让两人之前尴尬紧张的聊天氛围变得轻松起来。

幽默是人际关系的润滑剂，对沟通来说至关重要。有时候，我们要拒绝别人，不免要伤害对方的感情，对方也会因此有一种被拒绝之后的懊恼感，这可能会影响日后的相处。所以，在拒绝别人的时候，我们为何不换一种幽默的方式呢？

午后，周晴不小心打翻了可乐。为避免引来蟑螂，她连忙打扫。然而，可乐已经渗入了她办公室的地毯里，清洁起来非常麻烦。正巧同事苏昙从旁边过，她就想请苏昙帮忙。

苏昙正好有事，分不开身，但是该怎么说呢？她心头一动，笑着说："晴晴放心，咱们东方的蟑螂不喜欢喝洋饮料！你先扫着，等我把文件送了，就来帮你。"一句话说得周晴笑了起来，毫不介意苏昙对自己的拒绝，开始自己清理起地面。

或许等苏昙忙完的时候，周晴早已经将地毯清理干净了，不过因为她的幽默，轻松地化解了周晴被拒绝的尴尬。

一句玩笑话，可以改变一个人对另一个人的恶感。在职场中，用幽默来增加自己的亲和力，无疑是最好的选择。在家庭生活中，幽默也是一种非常重要的说话方式。它可以使对方从尴尬中解脱，化烦恼为欢畅，变痛苦为愉快，使对方平息激动，回归理智，最终使得彼此重拾默契，感情加深。

一位职场女强人韩桑整天忙于工作应酬，怠慢了丈夫。忍无可忍的丈夫宣称要和她离婚。丈夫提出分割财产，问韩桑离婚后要什么东西。深爱丈夫的韩桑不愿离婚，说："我什么都不要，只要你。"

幽默之余，更有情意在。韩桑的丈夫听了，怎能不心生温暖，尽消前嫌？

夫妻长年厮守，很难不发生争执、吵闹。与其抱怨、争吵，伤了夫妻的和气，不如在危机时来点笑料，平衡对方的心理，重拾感情。

那我们如何用一句玩笑话来打动别人的心，消除对方的戒备心理和敌对情绪呢？

**1. 用适当的夸张来形成对比。**

一般来说，夸张能将事物的关系描绘得更形象，更凸显特征，也让人们表达的情感更真挚。在交谈中，用夸张幽默的说法能让彼此之间的心理防御降低很多。

**2. 利用谐音来故意曲解，或营造出一种让人误解的语境。**

谐音能将对方的注意力转移到别处，从而降低对方的心理戒备，就像"投缘"可以谐音说成"头圆"，从而引发了幽默的效果。

值得注意的是，刻意点明要说笑话，往往达不到幽默的效果。譬如有些女性，在开场时喜欢用"我来讲个笑话"作为开场白，这样有时达不到听者的心理期待，理想的幽默效果也就大打折扣。这样的"幽默"实在是太令人尴尬了，还不如没有。所以，懂得说话的女人要学会顺其自然地运用幽默。

# 会说俏皮话的
# 女人更可爱

电视剧《无懈可击之美女如云》里，24岁的创意总监马嘉丽有着一张随时能喷出俏皮话儿的嘴。她智商颇高，人又自信，在她所在的跨国公司里，她的俏皮话儿到处飞。而且，她还善于用俏皮话和玩笑替自己解围。在电视剧中，她和黄凯一见面，就用俏皮话互相损对方，互相逗乐，真是一对冤家情侣。

为什么马嘉丽能吸引黄凯呢？能说俏皮话，这给她加分不少！

所谓"俏皮话"，是巧而有趣的话，意思明白，而且很有幽默感。平日里，我们常被一些俏皮话逗得大笑。所以，女人在与人交谈沟通时，不妨适当地说一些俏皮话，这样不但可以活跃气氛，还能增加你的魅力，让对方觉得你可爱。

陈惠经朋友介绍，认识了在外地工作的大刚。中秋节，两人在家乡第一次见面。陈惠个性比较开朗，大方地问："和你想象的比，我怎么样？"大刚很紧张，有些羞涩地说："挺……挺好的。"接着，陈惠又俏皮地说："是不是见了真人才发现，原来漂亮也可以这么具体啊！"大刚一听，笑了，说："行了，你怎么这么自恋，臭美！"这话看起来是责备，实则字里行间传达的是一种喜爱。

陈惠用一句俏皮话打消了两人初次见面的紧张和拘束，使彼此的谈话氛围变得很融洽，拉近了双方的距离。

可见，俏皮话确实能让对方愿意与你交谈，喜欢和你说话。我们不妨在与人交谈，尤其是与亲近的亲人、朋友和恋人相处时，多说一些俏皮话。

女人怎么样才能做到俏皮可爱呢？

**1. 多积累一些俏皮话放在脑子里。**

多学习和记忆一些经典的俏皮话，以便于在关键的时刻可以脱口而出，妙言成趣，活跃气氛。众所周知，网络时代，各种俏皮话频出，积累一些适合自己的俏皮话很有益处。

比如，"早起的鸟儿有虫吃，早起的虫儿被鸟吃"、"我能想到最浪漫的事，就是你一天天变老，而我依旧青春年少"、"我每天除了吃饭的时间全在减肥，你还说我没有毅力"、"戒烟容易，戒你太难"、"当男人不属于你时，让你感叹什么是完美；当他属于你后，让你感叹什么是真实"、"男人花钱，是为了让女人高兴；女人花钱，是因为男人让她们不高兴"、"谁说我白、瘦、漂亮，我就跟他做好朋友"、"爱我少一点，不过久一点"、"发呆不叫发呆，叫酷。偷懒不叫偷懒，叫享受生活"……

**2. 把常见句子改作俏皮话。**

有时候，我们可以根据具体情形，把名言、警句、谚语、歌词等改写一下，改写成俏皮话。比如，"生命如同故事，重要的不是它有多长，而是它有多好"；比如"水能载舟；亦能煮粥"；再比如"No就一个字，我只说一次"。这样既押韵、便于记忆，又有幽默味儿，能起到惹人笑的作用。

**3.在遭遇驳斥或尴尬的时候，不妨用俏皮话解围。**

乔治已经出版过两部小说，表妹罗琳也喜欢文学，一天两人因为文学争论了起来。乔治情急之下说："罗琳，你根本不了解文学，如果可以，你早就出版小说了，你为什么不写一本小说出来？"

罗琳并不生气，俏皮地说道："乔治，我承认我写不出小说，但这不代表我不了解文学。你想想，虽然我没有生过鸡蛋，但是对于鸡蛋的味道，我却比母鸡知道得多。"

两人都笑了。

无论我们身居何处，说话都不应该自以为是，或者刻板单调。总而言之，俏皮的女人很可爱，不妨多说点俏皮话，活跃气氛。当然，这不是一朝一夕就可以练成的，处处留心，多多互动，你就定能有所长进，受到更多人的喜爱与接纳。

# 有智慧的女人
# 懂得用幽默虏获男人心

最能让男人"中毒"的女人中，有一种是懂得幽默的女人。在今天这个时代，没有多少男人会喜欢那种不苟言笑、整天板着苦瓜脸的女人。男人们喜欢那种开得起玩笑，也懂得让男人开怀的女人。一个保持着幽默感的女人，她的外表可能并不美丽，但是她却是智慧的，并且是善解人意的。

水蓝长相一般，放在人堆里并不显眼。不过，她的老公韩涛却是英俊不凡，事业有成。所以，两个人的婚姻一度不被看好，大家都私下议论，说水蓝如此普通，怎么能抓住老公的心？然而，多年来，水蓝与韩涛一直相亲相爱。

好事之人曾经问韩涛："你到底喜欢她什么啊？"韩涛回答道："说不上来，就是和她在一起吧，觉得特别轻松、特别快乐。平时在生意场上很累，但只要回家和她待在一起，就什么烦恼都没了。"

原来，水蓝个性乐观、心胸豁达，很有幽默感。水蓝和韩涛都爱看影碟，但每到换碟的时候两个人都不想动。此时，水蓝就会装睡，韩涛见状只好自己去换。可一等碟片换好，水蓝马上就醒了，还"懊恼"地说："怎么了？怎么了？要换碟？你说一声，我来就好！"次数一多，韩涛自己发现了水蓝的"诡计",于是也装睡。这下就变成了每次换碟时两个人不约而同地头一歪,装睡,偷偷瞧对方的行动。这情景实在是太搞笑了,结果两个人又一起大笑着"醒"过来。

平时生活中有矛盾的时候,水蓝都不会和韩涛吵架,而是会用幽默化解。比如,借助笑话故事,或把话题引出去来缓解紧张的氛围。

除此之外,每当老公韩涛不顺心,遇到挫折的时候,水蓝总能用幽默来激励老公,让老公能够放宽心,看到希望。一次,韩涛和朋友开车游玩,却不幸出了车祸,伤了腿,还烧伤了脸。医生说,脸上的伤最后可能会留下疤痕。韩涛忧心忡忡,嘟囔着:"完了,完了,破相了啊!"水蓝却对韩涛说:"没事儿,你永远是我心里最帅的人。"老公颇感安慰,正要说话,却听水蓝话语一转,笑嘻嘻地说:"如果最后真留下疤痕的话,咱们就去文身店,让师傅给你那道疤痕修饰一下,加工成S,这样谁见了都知道你是我水蓝的男人!"一句话就将韩涛给逗笑了。

幽默的女人是智慧的。水蓝正是如此,她能用幽默俘获丈夫的心,把平凡的日子过得生动有趣。那么,如何做一个有趣的女人呢?

**1.要有豁达包容之心。**

一个有智慧、懂得幽默的女人需要一颗豁达、包容、乐观的心,这样才能自然而然地以开朗、幽默的姿态来看待分歧、苦难等。这是真正的大度和善解人意。否则,只是言辞幽默而内心却耿耿于怀,那对方听来必然感到刺耳。

另外,据说在男人看来,女人最大的幽默感是在困境中仍能说笑,而不是插科打诨。

**2.可以适时地幽默。**

面对一个有幽默能力的女人,男人必然会被她的睿智和聪慧所吸引，并忽略她的外在条件。所以，具备让恋人感到轻松的幽默感的能力是必要的。然而，要注意的是，即使你们在一起共同生活了数十年，已经变得非常默契了，女人也必须把握住幽默的时机，绝不能在不该幽默的时候幽默。

比如，不要在对方的男性自尊受伤时，还幽默一把。当男人认为自己的家庭主导地位受到威胁的时候，女人就不应该再跟对方开玩笑了。因为当男人感觉自尊、地位受到损害的时候，是笑不出来的。

有一队情侣吵架，男人说："幸亏没有娶你，就是娶个魔鬼也比娶你好！"女人笑说："不行啊，近亲是不能结婚的。"这样说虽然能在一定程度上产生幽默的效果，缓和矛盾，但是这种幽默里含有一种对对方的嘲讽，一不小心就会激化矛盾，弄巧成拙。所以，一定要谨慎使用幽默，以适时、适度为原则。

**3.荤段子不可多说。**

为了让男人笑，总是说些荤段子，这并不可取。确实，大多数男人爱听一些荤段子，若能讲上几个，能吸引男人。但是，说得多了，则显得女人庸俗了。而且，就算要说，也要看在什么场合下说，对什么样的男人说。

如果说爱情是酸甜苦辣咸五味俱全，那么幽默则是甜蜜的强化剂，烦恼的化解丹。因为幽默的女人大多智慧，性格乐观，无时无刻不吸引着男人的注意力。所以，做个懂得幽默的智慧女人吧！

# 懂得"自嘲"，
# 让难堪不攻自破

有一则新闻是这样的：某高三女学生，因为身上有"异味"而受到同学们的嘲笑，最后因不堪欺辱，吞药自杀。因为受到别人的嘲笑、讥讽、欺辱的人很多，为此自杀身亡的也有一些，而其中大部分都是女人。除了社会对女性比较苛刻之外，最主要的原因就是有些女性性格懦弱、想法极端，容易让自己钻进死胡同里，最终把自己困死。

和男人相比较，女人的自尊心更强，受到这个社会的苛责更加严厉，所以当女人面对难堪、尴尬等境遇时，往往更加不知所措。懂得说话的女人，则会在难堪来临时用"自嘲"来化解自己的危机。

生活中有些女人心高气傲，在说话的时候总是喜欢用俯视的姿态，就像是生活在杂草中的一颗小树苗，大风一来，就把它刮折了。因此，女人应该学会自我保护，懂得"低调做人"，该低头时就低头。

人与人交往时，有些信息掌握得不够准确，或者因自己一时的失误，导致在别人面前不小心说错话、做错事，带来了尴尬、难堪，譬如有的人不能吃辣，你却请人家去吃川菜，这虽然是一片好意，但终究是"好心办错事"，让别人和自己都陷入窘境之中。所以，这个时候，要是善于自嘲就好了，可以让尴尬化于无形之中。

那么，什么是自嘲呢？其实，自嘲就是自我解嘲，就是指自我嘲弄、自贬自抑，以便堵住别人的嘴巴，使自己从窘境中摆脱，掌握主动地位。如果我们能够在人际交往中很好地运用"自嘲"的解围方法，一定能够收到极好的效果。

文学家冰心女士是一位非常聪明的女士。有一次，有几个人去拜访冰心女士，他们在聊谈的过程中，那几位客人就问道："冰心先生整日闭门不出，不知道最近又在创作什么大作呢？"冰心女士听后微微一笑，回答说："我哪里是在写什么大作呢？只不过每天记录一下自己的心情，整天坐以待'币'罢了。"

客人们听后都非常迷惑，不明白冰心女士的话，于是冰心女士就笑着解释道："我这个'币'是'人民币'的'币'。我得坐在家里写稿，赚稿费来养活自己。"众人听后，立时哄堂大笑，氛围也轻松了起来。

冰心女士只是用简单的几句"吐槽"，就把自己"大作家"的身份给撇远了，声明她也只是一个普通人。因此，在必要的时候，女士们可以放下自身的骄傲和矜持，说几句自嘲的话，这会让自己更加可亲可近。

自嘲，是幽默的最高层次。那些懂得说话的女人会在必要的时候以这种方式来取笑自己，以免从对方口里说出来造成更大的伤害；如此可以为自己抹去苦恼，同时也感动了别人，获得了别人的尊重。

自嘲，并非就是自轻自贱。有时候，我们不得不自曝家丑，但是这并非就代表了我们比其他人低贱，而是体现了一个人的大度和坦诚。事实上，真正宽容大量、有大智慧的女人都是那些勇于暴露自己的问题，敢于揭露自己短处的女人。她们往往也比那些遮遮掩掩的女人更容易获得他人的好感。

　　然而，自嘲虽然能够为自己解除一时的尴尬和难堪，但毕竟是把自己的缺点曝光于别人面前，所以在选择用"自嘲"方法解决危机时，一定要谨慎、小心，以免被别有用心之人利用，让自己陷入更大的难堪之中。

# 幽默的女人
# 不会让"玩笑"变成"可笑"

一位公司领导穿了一身新衣服，办公室的女职员一见，便开玩笑说："哇，领导今天穿的像个新郎官，好精神！呵，就是头像陈佩斯。"这位领导本来就忌讳别人说他秃顶，女职员话一落，他的脸就黑了。其他同事一瞧，都觉得她所谓的幽默十分"可笑"。

的确，幽默是女性人际交往中的润滑剂，但是弄巧成拙就不好了。幽默是一种很高级的交际技巧，需要灵活的思维、有趣的话语，再加上语气、语调、手势、身姿等等的密切配合，才能达到良好的效果。更重要的是，幽默一定要有度，把握分寸，否则它就可能演变成一场谁也不喜欢的可笑闹剧。

不要让幽默变成可笑的闹剧，要注意以下几个问题：

**1. 不能拿别人的缺点、缺陷来开玩笑。**

比如，不能取笑别人个子矮、秃顶、长得胖、身体有残疾，婚姻不幸福等等。"打人不打脸，揭人不揭短"是古谚语，点出了人重视面子的亘古不变的事实。所以，就算开玩笑也不能拿别人的短处和缺陷来说事。其实，大部分女人都知道这个道理，却总是一得意就忘形，忽略了这点。要时刻谨记，话不是随便说的，玩笑话也要三思。

**2. 开玩笑要注意场合和时间。**

说话一定要看场合，知道什么该说，什么不该说；开玩笑更得注意场合，如果拿不准，切勿开口。比如，在丧葬场合中，众人都很悲伤，想开导众人节哀是好意，但不可拿过世者和其亲属开玩笑，这必然会惹恼众人。此外，在图书馆、医院等要求保持肃静的场合，也不要开玩笑。

安心平时就是个能说会道的人。她去参加表弟的婚礼，席间说着说着就开了句玩笑，说："第一次结婚没什么经验，以后多结几次就有经验了。"

其实，如果是平时私底下，大家开这样的玩笑，没什么多大的问题。但，在婚礼上那么重要的场合，双方亲朋好友都在，还开这样的玩笑，就过分了。果然，一听这话，表弟的岳父岳母直瞪眼，直说这人是亲戚吗，怎么这么不懂事！

有些人在讲笑话的时候，要卖关子，而这也要看场合，一般在比较随意的场合最适合卖关子说笑话，因为忌讳比较少。而庄重的场合则不适合。另外，关子也不能卖得太过，否则会显得故弄玄虚，招致他人的反感。

另外，有些笑话要不急不躁地讲给听众听，给听众充足的时间考虑，等对方产生了错误的预期后，再一语道破。这样才能收到幽默的效果，否则冷场之后就只剩尴尬了。

此外，对方心情实在糟糕时，不一定要给对方讲笑话，他可能没有心思欣赏，反而会认为你不懂他的难处。俗话说："人逢喜事精神爽。"开玩笑，最好选择在对方心情舒畅时，或者当对方因小事生气时，通过开玩笑把对方的情绪扭转过来。

### 3.幽默要看对象，因对象而异。

同样一个玩笑，这个人可能接受，但另一个人可能不能承受。初次见面的人，不了解对方，所有幽默要有一个尺度，尤其是那些可能让人感到尴尬或误会的话，最好还是不说为妙。调侃自己的时候，可以肆无忌惮，但是调侃别人一定要注意分寸。

一般来说，下级不宜同上司开玩笑，晚辈不宜同长辈开玩笑，正常人不宜同残疾人开玩笑。

王秘书陪高总经理参加合作谈判。高经理和合作客户签约后，客户赞美高经理的字写得好，是一位书法家。王秘书自持平时和领导关系不错，此时却坏笑着插话道："他就那几个字能驰骋天下，骗骗人。"此话一出，高经理和客户双双变色，尴尬不已。

事后，自作聪明耍幽默的王秘书被高经理训斥了一番。

### 4.开玩笑不等于低俗。

幽默不是低级无聊。所以，人际交往中的笑话，要有一定的品味，要避免过于低俗的东西，否则对方会认为你是个没品位的人。

特别注意的是，不要和异性开暧昧的玩笑。最好选择内容健康、风趣幽默、情调高雅的玩笑。庸俗的玩笑和荤段子不可能增加女性的魅力。

### 5.玩笑要简单易懂，不要话中带话。

与人开玩笑，若是话中带话，那常常会让人面上愉悦，而内心愤恨。你或许无意如此，但若不注意，那你的友善的、赞美性的玩笑，在别人听来可能就是讽刺，那就适得其反了。

总之，开玩笑是为了更好地活跃气氛，拉近人与人的距离。女人在开玩笑时，一定要符合自己的身份，要让人听来感到愉悦。

做到上述五点，我们就基本掌握住了幽默的分寸和尺度。

# 女人要学会
# 用幽默来调节气氛

女性同胞们，我们先在心里自己回答一下这三个问题：你是否讨厌跟陌生人打交道呢？你跟陌生人说话时会感到紧张吗？你是否经常对着别人无话可说，以至于出现冷场的气氛呢？如果你的回答是"Yes"，那么说明你是一个不善于交谈的女人，经常让你的同伴感到无趣。

聪明的女人在面对自己无话可说，遭遇尴尬、难堪等处境时，就会非常巧妙地选择"幽默"来调节气氛。这是因为幽默能够使人轻松发笑，减少彼此之间的隔阂，缩短人与人之间的距离。而且，讲一段幽默的话，也暗含着向别人示好的意思，人们也会觉得你是一个好相处的女人，会对你产生一种亲切感。

《红楼梦》中的刘姥姥就是一个懂得幽默的农村妇女。刘姥姥因为家境不好而抱着试一下的心态来求助于贾府——这个富贵的、隔了好几辈儿的远房亲戚。她只是一个乡下婆子，与那些大家闺秀、豪门贵妇，并没有什么交集，可以说素无瓜葛。然而，刘姥姥无疑是一个非常聪明的女人，她用"自嘲式的幽默"逗得这些夫人、小姐哈哈大笑，让这些人对她的印象大为改观，也避免了彼此之间的尴尬和冷场的发生。

"刘姥姥游大观园"是《红楼梦》中非常著名的章节。在这一章中，既有"面朝黄土背朝天"辛勤劳作的农妇，又有"双手不沾阳春水"的贵妇人和娇小姐，可是她们之间能够碰撞、交融、彼此相处融洽，这就是因为刘姥姥是一个懂得说话、懂得幽默的聪明女人。由此可知，一个女人的修养、知识水平虽然很重要，但是懂得说话技巧、懂得幽默的女人有时更容易受到大家的欢迎。

我们都很喜欢看卓别林先生演出的电影，就是因为他的电影非常幽默，让人看后印象深刻。虽然，卓别林先生的电影都是没有声音的画面，但是其生动的演出、讽刺性的幽默，到如今仍然被人津津乐道。如果生活中的女人也能从卓别林大师那里偷得一点儿"幽默"，也会让人耳目一新、难以忘怀。

一位心理学家说过："幽默是一种最有趣、最有感染力、最具有普遍意义的传递艺术。"在与人交际时，如果能够恰到好处地使用幽默的语言，不仅能使彼此的谈话气氛变得轻松、融洽，还可以寓教于乐。


安徽卫视的说话访谈节目《非常静距离》，自从开播以来就受到广大观众的欢迎，其收视率和热度甚至直追《鲁豫有约》。虽然这两个节目都是访谈类节目，但是风格却非常不一样。李静的主持风格比较幽默、风趣。

有一次，节目组邀请了一位泰国来的明星。那位明星并不会说汉语，而李静也不会说泰语，虽然台上有翻译，但他们之间的交流还是存在障碍。节目的开始，现场的气氛有些低落，翻译只是在传达着彼此之间的对话。

但是，李静非常有经验，一看现场的气氛很冷，就在大屏幕上介绍这位泰星的电影和电视剧时，适时地把话题转到了这位泰星身上："大家都知道，××被影视界和粉丝们亲切地称为'氧气美少年'。那么，我想代表广大女粉丝问一下，××会找中国女生做老婆吗？"那位泰星腼腆一笑，说"可以"。谁知，李静紧接着又做可爱的样子问了一句："那你喜欢姐姐型的女朋友吗？譬如说，你觉得我怎么样？"这话一问出来，那位泰国明星直接哈哈大笑起来，连连点头说"喜欢"，现场的气氛也一下子就 high 了起来。

李静主持节目最大的一个特点，就是她喜欢用一种轻松、愉悦的语气来调动气氛。在上面的例子中，面对双方语言不通的情况下，李静却直接用可爱、幽默的方式问对方是否喜欢"年龄大的姐姐"，直接就把彼此之间的距离拉近了。由此可知，女人在说话时，如果遇到了尴尬、冷场的气氛，不妨采用幽默、风趣的语言来放松对方的神经，从而使谈话的气氛活跃起来，给嘉宾、观众一种宾至如归的感觉。

其实，生活中的每一个人都希望自己的人生充满乐趣，也希望自己能够为别人带来快乐，那么，何不幽默一点儿呢？如果我们懂得幽默，在进行姐妹聚会、家庭聚餐、公司活动时，就不会感到尴尬和不舒服了，也能减少彼此之间的隔阂，缩短相互间的距离。

其次，幽默是一个人的聪明才智在语言中的体现，它在人们的交际活动中起着至关重要的作用。在大部分的情况下，女人讲话喜欢唠叨和跑题，这往往会让自己的谈话内容很乏味，让听众无法集中注意力。这时，聪明的女人如果懂得运用一点幽默，不仅可以创造一个轻松的谈话氛围，使平淡无奇的对话变得生动起来，还能使听者集中精力，牢记对方所讲的话。

再次，幽默还是一种巧妙的说话技巧，它通常不按常理出牌，脱离了人们的正常思维，常常既出人意料，却又合情合理，最后可以收到事半功倍的效果。所以，女人要想给别人留下深刻的印象，应该懂得幽默，学会幽默。

此外，女人不仅要在谈话中学会运用幽默，还要让自己成为一个能够被幽默所感染的人。这样，在谈话中面对别人的调侃和幽默，就能配合他们一起活跃气氛，使得交谈快乐、惬意。

【第五章】

## 别让自己输在不懂赞美上

卡耐基说过："如果我们想要改变人，而不触犯他们或引起他们的反感，那么，请称赞他们最微小的进步，称赞每个进步。"话虽如此，可是生活中总是有些女人不懂得怎么赞美别人，甚至经常在不经意间就用恶言恶语伤害了别人。所以，女人应该懂得赞美的学问，不要等到因"恶语"刺伤了别人再后悔！

# 用真诚滋润婚姻

俄国伟大的小说家屠格涅夫曾经说过："如果在某个地方有个女人关心我为什么过了晚饭时间还没有回家，我愿意放弃我的所有天才和著作。"而托尔斯泰虽然与他的妻子是自由恋爱，但是因为二人不懂得经营，所以他们的婚姻并不美满。由此可知，甜美的婚姻是需要经营的，是需要用心滋润的。

我们每个人都有情感的需要，都渴望自己能够得到亲近之人的关怀，这是人之常情。夫妻之间的互相关心，有利于增进彼此之间的情感，维护家庭生活的和谐。

纽约外贸市场的大股东约瑟夫每天都忙着谈生意，整天在飞机、火车上奔走，一年待在家里的日子屈指可数。其实，约瑟夫非常爱他的家人，他每天这样辛苦奔波就是希望能够带给家人更加优越的物质生活。约瑟夫每个月都会给家里一大笔钱，让家人可以随心所欲地购买任何东西，还把整个家装扮得像宫殿一样富丽堂皇。

但是，这样也让约瑟夫没有太多时间去陪伴他的家人，他与妻子、孩子之间的距离越来越远。约瑟夫的妻子认识到这个问题后，立即重视起来。此后，约瑟夫的妻子会在约瑟夫在家的时候，主动跟他聊天，谈论孩子们的成长；约瑟夫出差时，妻子会在行李箱上贴满饱含爱意的标签，告诉丈夫要注意一些事项，甚至还会每天与丈夫打个电话。

这样过了一段时间，约瑟夫的妻子就发现约瑟夫待在家里的时间越来越长了，二人之间的关系也不像之前那样冷淡了。

对于当时的情形，如果约瑟夫的妻子不闻不问，那么可以预见，他们彼此之间的关系必将越来越远。生活中有很多人都以为，一旦结了婚就万事无忧了，甚至还经常听到女人说这样的话："都结婚了，还在乎什么身材啊？穿那么漂亮给谁看啊？"其实，有这样想法的女人都是不明智的。

据社会调查显示，我国的大多数离婚案件中，有90%就是因为夫妻之间的关心太少，从而渐渐产生了矛盾，从小隔阂发展到大战争。美国的社会学家赛巴斯也说过："大多数夫妇之间并没有什么不可调和的大矛盾，他们的不和是由许多碎屑的事情造成的。如果妻子肯在丈夫离家上班时叮嘱他路上小心，或者丈夫在妻子的生日时送一朵美丽的鲜花，夫妻间的关系就将会改善许多。"

因此，女人要想让自己的婚姻永不破灭，就应该继续用结婚前的热情来滋养它，用温柔的话语来滋润它。

英国诗人勃朗宁夫妇的婚姻一直以来都备受称赞，可以说是史上最完美的婚姻之一。勃朗宁先生在一生中无论再怎么忙，也会在细微之处给予妻子赞美和关怀，以此来保持他们婚姻的新鲜感和永恒性。勃朗宁先生对他的妻子照顾得无微不至，尤其是在妻子生病的时候，以至于勃朗宁夫人给她的姐妹写信说："现在的我真的觉得，也许我是一位天使，我才会如此幸福。"

由勃朗宁夫妇的例子我们可以看出，甜言蜜语在婚姻生活中起到的作用是非常明显的。但是，在生活中的我们却都忽视了它的重要性，甚至还有些女人觉得结婚后说这些话是"为老不尊",是"不正经",这种想法实在是大谬特谬。

当然,女人在关心自己的另一半时也要有技巧,懂得如何关心才最有效。

**1.注重细微处的体贴。**

不要低估了一些细微处的体贴对爱人产生的重要影响。琐碎的小事才是长久婚姻的实质,不重视这些小事、不会对自己的家人表示关怀的人,往往会让自己和家人之间产生矛盾。

**2.关怀要及时。**

女人在关怀自己的丈夫时要及时,不能等到问题出现了,才会想到去关心家人。这时候,对方的心已经冰冷,为时已晚的寥寥几句关心又怎能挽回呢?

**3.关怀需真诚。**

对爱人的关怀还应该是真诚的、发自内心的。有些人会为了维护家庭的和谐,故意做出一副关心人的样子,这样的关心并不能打动人心。而且,不是发自内心的关怀也未必能够长久地坚持下去。

关心的方式有许多,既可以通过行动来表示,又可以透过温暖的语言来传达。当然,我们大方地买许多东西虽说也是一种关怀,但到底没有从细微处表达关心的效果好。这是因为,冷冰冰的东西再好、价格再昂贵,也代替不了一颗真诚的心。

# 女人的赞美
# 会让男人更加优秀

我们都说，"一个成功男人的背后必然有一个伟大的女人"。女人要懂得给予男人鼓励和赞美，让他们有信心面对未知的苦难，有勇气继续走下去。

或许有些女人会问：一句赞美的话就能起到这么大的作用？是的，这就是精神的力量。男人外出打拼，再坚强也会感到疲惫，也会有力不从心的时刻，也会感到失望、沮丧。在他们最脆弱、无助的时刻，女人如果能够给予他们适当的安慰和赞美，会让他们觉得自己的努力不是白费。

男人们是雄性动物，他们的征服欲望非常强烈，喜欢被别人崇拜和夸耀的感觉。来自异性的赞美和夸赞，无疑是最能满足他们的，是最值得他们炫耀的。女性的赞美会激励他们更加努力，使自己更加优秀和完美。

诗诗是一个非常懂得赞美的女人，在外人面前，她永远都是在夸耀自己的丈夫，哪怕只是一件很小的事情，从诗诗嘴里说出来也会让人觉得她的丈夫很厉害，而她自己过得也很幸福。

有一次，诗诗和丈夫一起去参加丈夫的同学聚会。会上，其他女同学或者是女"家眷"说起了自己家的丈夫怎么怎么样。有些女人的丈夫很优秀，多金或有权，这让她们非常自豪，但是她们羞于在人前夸耀自己的丈夫，反而在那儿挑三拣四，说他们的毛病。

但是，诗诗却没有像她们那样，她一直都跟着自己的丈夫，直夸他。她提到他自己单干，最近刚签了一笔大单。其实，诗诗的丈夫只不过是做小本生意的，而且还是刚起步，具体能不能成功还说不准。但是，诗诗就是这么给予他信心和鼓励，不肯让自己的丈夫在别人面前低一头。

不管那个男人有没有能耐、是不是人才，女人都不能当面在其他人面前挖苦他、讥讽他。这样做的后果只有一个，就是让你们之间的关系分崩离析。

要注意的是，赞美要发自内心，而不是随便敷衍。如果一个人的赞美不是发自内心的，不是真诚的，让男人识破后带给他们的打击更大。所以说，虚假的赞美还不如不赞美。

有个男人向自己的朋友抱怨自己的妻子：

"自从结婚以来，她总是一直对我指责个不停。无论我做什么事情，不管我做得是好还是坏，她总是会感到不满意，嫌弃这个挑剔那个。

"有一次，朋友来家里玩。我给他们倒茶，不小心把茶水洒到了地板上。她一边擦地板，一边开始对着我的朋友数落我：'他什么事都做不好，总是搞得一团糟，这哪里还像个家。'她这样说，让我很尴尬，在朋友面前也没有面子。"

这个故事里，妻子虽然在日常生活中并没有做什么不可理喻的事情，但是她不懂得赞美自己的丈夫，不知道维护丈夫的面子和尊严，这样会让彼此之间的关系越来越远，越来越僵。

所以，女人应该学会赞美男人，化温柔的赞美为自己婚姻生活中所向披靡的利器。

# 赞美婆婆，
# 做婆婆的贴心"小棉袄"

说起婆媳关系，这真是千百年来一个历久弥新的话题，她们之间的纷争就没有停止过。尤其是在当今社会，媳妇们再也不会像古时候那样，只一味遵从婆婆的意志，连一句反抗的话都不敢说。现在，"婆媳大战"已经愈演愈烈，让夹在中间的丈夫、儿子特别为难。

其实，婆媳之间的关系并不是那么不可调和，她们只是因为都太爱一个人、担心那个人被对方抢走，才会这样互相争吵不休。只要彼此宽容一些、互相理解一番，双方不仅可以不再吵架，反而还会成为好的盟友。

玉洁和丈夫结婚有一年了，和婆婆之间的关系很僵硬。刚嫁过来的时候，玉洁还一心想要和婆婆搞好关系，但是实践了一段时间后，却发现很难做到！但是最近，情况似乎发生了一些改观。

玉洁前一段时间被检查出怀孕了，这是全家都高兴的好事情。但是，玉洁因为不注意，在一个变天的晚上感冒了，发起高烧。由于她现在是孕妇，有许多药都没办法吃，医生建议物理降温。婆婆不分昼夜地照顾她，玉洁非常感动。

玉洁说："我还以为您很讨厌我。""怎么会？"婆婆吃惊地说道，

"我只是不习惯小刚（玉洁的丈夫）鞍前马后地照顾你而已，想想以前，他都是我心里的宝。可我以前的宝贝，现在都会照顾别人了，我总有些不习惯。"

话说开了，婆媳关系便有了很大的改善。

从上面的小故事中，我们可以知道婆媳之间真的没有什么大的矛盾，只是自己都关心同一个人，在潜意识里把对方当成自己的"假想敌"而已。假如，玉洁并没有生病，也不会发现婆婆对自己那么关心，也就不会与婆婆谈心，两人自然也就解不开"疙瘩"了。由此看来，玉洁是因祸得福啊！

我们都经常说："女儿是妈妈的贴心小棉袄。"女儿出嫁后，也会喊自己的婆婆一声"妈"，那为什么不把婆婆当做自己的亲妈，也做她们的贴心棉袄呢？婆媳之间，如果双方都想着压制另一方，那就会出现针尖对麦芒的局面，彼此间的关系势必更僵。所以，双方要学会互相体谅，互相退一步才能海阔天空。

王倩和婆婆之间的关系一直很好，她结婚多年后都没有与婆婆吵过架，问及原因，王倩笑着说："把婆婆当自己人就行。"看别人不理解，王倩接着说："我们许多人结婚后都一直把婆婆当做'外人'来看待，有什么事情总会不自觉地瞒着婆婆，其实这是对婆婆最大的伤害。还有许多年轻人，想做什么事情，怕自己的婆婆不同意，就鼓动自己丈夫去和婆婆说，觉得这样婆婆会答应得痛快一些。其实，如果你自己去说，就不见得婆婆不会同意，说不定婆婆会因为你主动交心而感到高兴。"

在家庭生活中，处理好婆媳关系，婆婆有责任，但作为儿媳，她的责任就更大一些。一个聪慧的女人，怎样才能做个讨人喜欢的儿媳呢？她首先得懂得在嘴上取悦婆婆，而不是恶语相加。

**1. 不在外人面前说婆婆的不是。**

有些儿媳对婆婆有意见，不是当面提出来，而是到外边说三道四，这样很容易引起矛盾。俗话说"家丑不可外扬"，婆媳不合本就不是什么好事，更不应该弄得邻里皆知。作为儿媳要以真诚的态度、善意的动机，把自己的意见当面提出来，大家心平气和地协商解决，最终统一思想，消除分歧，创造和睦的家庭气氛。

**2. 信任和理解婆婆。**

儿媳应当善解人意，不要凡事都站在自己的立场上，对婆婆的言语行为进行猜忌。有时候因为这种猜疑的心理，会把婆婆的好心想歪了。

**3. 说话要"甜"，而不是恶语相加。**

说话要"甜"，就是要热情相待，嘘寒问暖，推心置腹。有的儿媳，跟母亲私房话说不完，在婆婆面前却无话可说。要改变这种气氛，儿媳作为晚辈应主动亲热，多找话题，把婆婆当做自己母亲一样看待。如果一个儿媳妇能做到这一点，那么婆媳关系就不再是问题了。

# 感悟夸赞的力量，
## 做孩子们的"知心妈妈"

女人终会成为孩子的母亲，能否赢得孩子们的认可，是女人们走向完美的一个节骨眼。赢得了孩子们的心，女人就能使自己的魅力又增加一分，能让自己的家庭和谐一分。但孩子并不像大人一样能参悟大道理，对孩子讲大道理是没有什么效果的。其实孩子们最大的愿望是能得到周围人的认可，特别是一些大人的鼓励、赞美。在孩子面前，多多赞美不但能增加他们的自信，更能加强双方之间的感情。这样，孩子们会喜欢上你，你会成为他们心中的"知心妈妈"。

赞美最重要的是抓住其优点，对于孩子的缺点，可以通过其他方式慢慢调整。女人在孩子面前，要表现出自己温柔的一面，以此来取得孩子们的信赖，以便你的赞美之声留在孩子们的大脑里，让他们敦促自己，继续进步。

小璐今年九岁，是个淘气的姑娘，大人说话她不听。她让她的父母感到头疼。父母没少斥责她。

有一个周末，小璐在家无聊，看到爸爸的书房乱作一团，便心血来潮，花了一下午的时间把书架整理得整整齐齐的。她把整理书架当成了游戏，忙得不亦乐乎。

妈妈回来后，看到丈夫的书房有了变化，惊喜地说："想不到我的女儿越来越能干了，越来越乖了！"

从此，小璐喜欢上了收拾房间，她把自己的床被叠得整整齐齐，把家里的桌椅擦得干干净净，因为她想不断地给妈妈带来惊喜。这个女孩因妈妈的一句赞美变成了"乖乖女"。

在恰当的时候盛赞孩子优秀的一面，以此来激励孩子，这是非常重要的。妈妈一句赞美的话，小璐便把自己的淘气一扫而光，因为她的所作所为得到了母亲的认可。

当然，每个孩子都有自己的缺点，有些缺点我们无法改变，但对于那些可以改变的缺点，女人们可要注意了，必要时要懂得使用"赞美"这个灵丹妙药。曾经读过这样一个故事，更加让人明白赞美的力量是多么的强大。

曾经有这样一位妈妈，她去参加家长会，幼儿园的老师告诉她："你儿子可能患有多动症，连三分钟都坐不住，小动作不断，你最好带他到医院去检查检查。"这位妈妈听到后很心酸，她在回家的路上却对儿子说："老师表扬你了，说你比以前进步了，能在座位上做三分钟了。"

儿子很高兴，晚上足足吃了两碗米饭，而且是自己动手吃的。儿子上了小学，家长会上，老师对妈妈说："你儿子上课总是听不懂，他这次的成绩又是倒数几名，跟上次差不多。我怀疑他智力上有些问题。"在回去的路上，妈妈流下了眼泪，可她对儿子说："老师又表扬你了，说你比上次考试进步了几名。还说你挺聪明的，只要努力自信，一定会考出更好的成绩。"

儿子听后，沮丧的心情一下子一扫而光。后来妈妈发现儿子真的比以前自信、努力多了。儿子面临着升高中，老师告诉妈妈："以你儿子目前的情况，很难考上重点高中。"妈妈却怀着喜悦的心情告诉儿子："老师说你很有潜力，只要再努力一些，再加把劲，就一定能考上重点高中。"

后来儿子果然考上了重点高中。后来，儿子考上了重点大学，他拿着录取通知书来到母亲面前，哭泣地说道："妈妈，其实我很清楚自己，我不是个聪明的孩子，如果没有你的鼓励、赞美和欣赏，我成不了现在的我……"

读完这个故事，我们不得不佩服这位妈妈的智慧：她用赞美成就了儿子，给了孩子一个光明的未来，也让自己变成了一位幸福的妈妈。赞美让才能低下的孩子变成一位能给社会做出贡献的高材生，让母子之间的感情升华到一种更高的境界。这就是赞美的力量。也就是这种力量，让妈妈的形象一下子伟大起来，成为孩子永远感激的对象。

赞美是女人管教孩子的一件法宝，它能让孩子更自信、更勤奋、更能体会到妈妈的用心良苦。身为人母的美丽女人们，从现在开始，在每个清晨别忘了对花儿说美丽，别忘了对窗外的空气说清新，别忘了对初升的太阳说美好，更别忘了对酣睡的孩子们说乖巧。最后你会发现，自己已经是一位魅力十足的女人了。

现在让我们总结一下赞美孩子的方法：

**1. 要把握住孩子的优点。**

只有把握住了孩子的优点，我们才好找到突破口，才能让孩子认可我们。如果没有把握住孩子的优点，胡乱地夸了一顿，孩子会感到莫名其妙。

**2. 还要了解孩子的不足。**

每个女人都要正视这一点，不能因为爱孩子而忽略其缺点。女人们，用你们的智慧，通过正确的赞美方式，比如上文第二个案例中所使用的方法，让孩子把缺点一点点地改掉，把不足一点点地弥补过来吧。

### 3. 当然要有耐心。

赞美不一定立竿见影，总是有个过程的，尤其对于孩子。比如在第二个案例中，妈妈可是用了十几年的时间才把孩子培养成才的。

# 赞美，让你拥有更多闺蜜

＃

闺蜜在女人们的生活里占有重要的地位。每个女人都希望拥有更多的闺蜜，希望有更多的人分享自己的酸甜苦辣。然而，并不是每个女人都能够拥有许多闺蜜。有一些获得朋友的技巧，可以帮助女人们在这方面如鱼得水，而赞美不失为一种最直接有效的方法。赞美可以拉近人与人之间的距离，而女人又天生喜欢被赞美，比如你可以夸她"脸蛋漂亮"、"身材好"、"温柔可人"、"性格好"等等。距离拉近了，两人成为闺蜜只是时间的问题了。

女人喜欢打扮，爱美，所以女人的美是我们赞美的重点之一。当然我们赞美时一定要发自内心，要尊重事实，如果对方明明不是个美女，你偏偏说她漂亮，只会招来反感。在曹雪芹所著的《红楼梦》中，有这样一段描写王熙凤赞美林黛玉的话：

王熙凤携着黛玉的手，上下细细打量一回，仍送至贾母身边坐下，因笑道："天下真有这么标致的人物，我今儿才算见着了！况且这通身的气派，竟然不像老祖宗的外孙女，而是个嫡亲的孙女儿，怨不得老祖宗天天口头心头一时不忘。只可怜我这妹妹这样命苦，怎么姑妈偏偏就去世了！"说着，便用手帕擦拭眼泪。贾母笑道："我才好了，你倒来招我，你妹妹远路才来，身子又弱，我才劝住了，快再休提前话。"这王熙凤听了，忙转悲为喜道："正是呢！我一见了妹妹，一心都在她身上了，又是喜欢，又是伤心，竟忘了老祖宗，该打，该打！"又忙携黛玉之手，问："妹妹几岁了？可也上过学？现吃什么药？在这里不要想家，想要什么吃的，什么玩的，只管告诉我，丫头老婆子不好了，也只管告诉我。"一面又问老婆子们："林姑娘的行李东西可搬进来了？带了几个人来？你们赶紧打扫两间下房，让他们去歇歇。"

在原著中，虽然王熙凤和林黛玉没有成为闺蜜，但从这段文字可以看出王熙凤赞美人的功夫可算是数一数二的。林黛玉美貌，有大家气质，所以王熙凤一开始就从林黛玉的外貌着手，一见到林黛玉便夸她是"标致的人物"，又夸她有"通身的气派"，然后再说一些贴心的话，这让两个人的距离顷刻间拉近了。在我们的生活中，如果用这种方式去赞美那些我们喜欢的女性，不成闺蜜都难。

当然，不是每个女人都脸蛋好、身材好，但是只要你仔细观察，女人身上总有些发光点值得你去赞美。

小雪是一个大学毕业生，她只身一人来到北京，在一家贸易公司做网络宣传工作。由于她一个人就可以将任务完成，而且其他同事的年龄大都比她大十几岁，有些代沟，所以小雪很少与同事们交流。工作不久，小雪感觉自己融不进公司氛围之中，这让她感到很无聊，她很想在北京交个知心朋友。小雪的后面坐着一位农村来的女孩小蕊，小蕊皮肤黝黑，个子也不高，年龄上跟小雪差不多。遇到小雪这样的漂亮、身材好的女孩，小蕊心里有些阴影，虽然两个人是朋友，但没有达到闺蜜的层次。

小雪觉得小蕊善良，性格又好，很想让她成为自己的闺密。小蕊经常带饭上班，而且饭菜花样多，每次都不同。有一天，小雪见小蕊在吃饭，香味扑鼻，便夸赞说："小蕊今天带了什么菜啊？真香！你的厨艺真不错哎！"小蕊听到小雪的夸赞，心里也乐滋滋的，她一直为自己的厨艺感到骄傲，"今天带的是鱼香肉丝，我亲手做的，你来尝尝吧！"小雪把握住机会，很快与小蕊成了好朋友，还常常到小蕊家学习做饭，向她讨教厨艺。

相信一些女人也曾有过小雪的经历，新到一个公司，人生地不熟，总想找个同性的朋友一起吃饭、逛街。如果哪位朋友有这方面的烦恼，不妨试试小雪的方式。当然不一定非要赞美别人的厨艺，还有许多别的方面值得赞美，比如你可以赞美她工作突出、做事认真仔细；对于有了家庭、孩子的，你可以夸她们的孩子聪明、成绩好等等。

赞美，让别人欢心，也让自己获得一份友情。用赞美的方式获得闺蜜，这很好，但要注意：赞美一定要真诚，要发自内心，这是一个基本的出发点。因为没有真诚根基的友情，不会牢靠。

再者，赞美不能过度。女人的情感很丰富，也很敏感，即便一个小小的动作或者一句不经意的话，都会让她们在心里琢磨半天。真正的闺蜜心灵相通，过度的赞美反而让你的闺蜜觉得不自然。

# 恰当的赞美
# 使异性拜倒在石榴裙下

美貌的女人能吸引异性的眼球，有才气的女人能赢得男性的青睐，但是会赞美的女人却能征服男人的心。每个男人多多少少都有"大男人主义"，都希望得到别人的肯定，尤其是女性的认可。

聪明的女人知道赞美男人的重要性，知道赞美能给予男人无穷的力量。而且男人也喜欢跟赞美自己的女人走在一起，因为他们在这些女人面前有自信，感到自我价值能够实现。

小丽在一家杂志社上班，她喜欢另一个办公室的帅气的男同事小杨。小杨性格有点内向，不怎么喜欢和别人交流，所以小丽一直找不到机会跟小杨交流，两人的关系一直处在普通同事的范围内。今年夏季，公司有一个项目把小丽和小杨聚在一起。为了方便工作，小杨被调到小丽的办公室，小丽负责文案编辑，小杨负责图片修改，两人工作中配合得很好，关系也更近了一步。

很快项目完成了，两人的工作也受到了领导的肯定，而小丽却怎么也高兴不起来，因为项目一结束，小杨会回到原先的办公室。关键是现在他们俩的关系只能算朋友而已，与男女之间的感情没有半点关系。小杨收拾完东西，准备回自己的办公室，他向小丽说再见。小丽不知如何是好，只是说了几句赞美小杨的话："这些日子多亏了你，要不是你的努力，这个项目不会这么顺利地完成。而且你也很会照顾人，谢谢你。"

没想到这几句赞美的话让小杨感到很不好意思，脸也一下子红了。从此，小杨变得开朗起来，也有了自信，工作上也更努力了，而且只要他有空余的时间就来看望小丽，两人很快谈起了恋爱。

女人面对自己喜欢的人，往往因矜持而羞于表达，不能像男人那样肆无忌惮地送鲜花、送礼物。但女人可以用赞美这种迂回的方式，给男人自信，让男人在她面前认识到自己的价值所在，从而俘获男人的心。小丽对小杨的赞美之词本是为了感谢而无心说出来的，没想到因此收获了一份爱情。所以，可爱的女人们，如果你的心里住着一个男人，那就适当地用你的溢美之词去称赞他吧。

对男人的赞美，不但适用于年轻的女孩们，更适用于结了婚的女士们。一句话，赞美男人对于婚前婚后的女人都很重要，它可以让你获得一份感情，还可以让你维护好一份感情。所以聪明的女人们，适当地去赞美你们身边的男人吧，保证你能收获满满一箩筐的友情，甚至能获得一份爱情。

现在让我们来总结一下赞美男人的重点要素：

**1. 爱他就去赞美他。**

男人的自信心常常是在别人的赞美声中形成的，尤其是女人的赞美很重要。所以，爱他就去赞美他吧！

**2. 赞美异性要谨慎。**

对于关系一般的异性朋友，女人只需要偶尔赞美几句就好了，切忌像称赞老公似的对待他们，不然你就容易陷入感情的泥潭。

# 聪明的女人
# 会用赞美代替指责

每个人都会犯错误，也因此会遭受指责。对于他人可以改正的小错误，聪明的女人们有一套自己的方法：用赞美代替指责。这种方法往往能起到事半功倍的效果。

用赞美代替指责属于迂回沟通的范畴之内，也就是说不直接指出别人的错误，而是通过赞美对方其他的方面达到教化的目的，所以这种方式非常考验女人的智慧。用赞美代替指责，有个好处就是安全，这也是迂回沟通的优势之一。用这种方式对待丈夫，一定不会爆发家庭战争；对待朋友，一定不会陷入决裂的境地；对待孩子，一定不会伤害他们的小小心灵。

下面我们通过一个例子来详细阐述下这种方式的优势。

老公喜欢看书，常常入迷，总是忘记老婆小芬交代的家务事。小芬开始还是通过当面指责的方式教导老公，要他别光顾着读书，也做些家务事。起初老公还能听进去，可过不了几天，这个问题又出现了。小芬很不高兴，两个人吵起架来。

后来，小芬从朋友那学习了经验，不再对丈夫大呼小叫了。他偷偷地往老公的书里塞纸条，上面写道："老公你越来越会疼老婆了，你今天下班后先做完饭再看书好吗？"或者"老公你最近变得好可爱，你先帮我收拾下房间再看书好吗？"老公看到小芬纸条，心里觉得过意不去，于是他每天下班都会先做完家务，然后再看书。

后来，他的书本里的纸条变成了一些非常漂亮的书签，上面写着"我爱你"或者"爱情甜蜜"等等。老婆的甜言蜜语，让老公彻底改掉了原来的懒惰，逐渐养成了先干家务再看书的好习惯，夫妻之间的感情和生活比以前更有滋有味了。

小芬通过正面的指责，毫无作用，用一些夸赞老公的纸条就轻松地解决了问题，可以看出女人的赞美之音所蕴含的力量。女人是一种本性就很温柔的生物，所以能很容易放下面子，用自己柔情软化对方的心。在某些情况下，就是要放下面子，用温情去打动对方，所以女人使用这种方式再合适不过了。

当然，这种方式不但适用于成年人，对儿童也有良好的效果。孩子处在发育期时，最容易犯错误，我们一些家长至今仍采用传统的教育方式——打骂。要知道，经常性的打骂会给孩子的心理带来伤害，而且这也不符合新时代的精神。所以，聪明的妈妈们注意了，在教育孩子这方面不妨多用用赞美的方式，这会让你看到意想不到的效果。

一位著名女主持人的儿子因被爷爷奶奶溺爱，养成了小公子的脾气，又倚仗自己是知名人物的儿子，从不听幼儿园老师的话。只要老师说他有什么不对的地方，他就一撇嘴，跟老师叫起板来。妈妈从老师那里听说此事后，非常生气，本想狠狠地教训儿子一番，但后来一想，现在儿子正处于成长期，心理素质还不健全，如果批评过度可能会给儿子带来心理上的阴影，所以她决定换另一种方式教育孩子。

有一天放学后，妈妈带着儿子去逛商场，她有意让儿子看到他平常喜欢的玩具。儿子把玩具捧着手里，爱不释手。这时妈妈开始对他进行赞美教育。妈妈问儿子："这里摆着这么多的玩具，你为什么喜欢变形金刚啊？"儿子回答说："我的小伙伴们都喜欢这个玩具。"妈妈笑了，说道："你的小伙伴们喜欢他，是因为他勇敢、正义、不惹人生气，对吗？"儿子点点头。

妈妈又说："在妈妈心里，你就是这样的男子汉，跟他一样勇敢、聪明、不惹人生气。你说是不是？"儿子高兴地点点头，"嗯！"妈妈继续说道："既然如此，以后就不能让老师生气，要听老师的话，懂了吗？"儿子听了这句话后，脸一下子就红了，低下头看着手里的玩具一动不动，因为他意识到自己的错误了。

看了这篇小故事，相信很多妈妈感悟颇多吧！孩子不同于成人，他们的心理和生理都处于发育状态，强硬的指责可能会伤害到他们，所以赞美式的教育不失为一种良方。聪明的妈妈们，动用你们灵活的大脑，巧妙地用赞美改正孩子们的不良习惯吧，这样方能保证孩子的健康成长。

聪明的女人们，对于用赞美替代指责，我们来做个总结：

**1.准备好赞美。**

当遇到一些让我们气恼的事时，千万别意气用事，这是赞美的第一步。沉下心来，想一想该如何用赞美表明对方的错误，这是我们首先要做的。

**2.赞美不可间断。**

赞美生效后，一定要再接再厉，要有持续性。比如第一个例子中，妻子持续在丈夫的书本里放纸条，才能达到最后的完美效果。

**3.赞美要注意用词。**

对于孩子，赞美时一定要注意用词，尽量让孩子听懂，只有这样才能实现教育的目的。

# "有效赞美"
# 更让女人讨别人欢心

对于女人来说，讨得别人欢心的方法有很多，比如可以利用自己的美貌、气质、幽默，或者一颗善良的心等等，这些都是很好的方式。在这里，我们提供另外一种好方法——"有效赞美"，这种方法不但对男人管用，对同性朋友或者小孩子都同样有效。

许多男人都有强烈的虚荣心，大男子主义。聪明的女人们会很好地利用这一点，她们用适当而有效的赞美之词，让自己的丈夫不可替代。这样聪明的女人就很讨丈夫的欢心。

张女士的老公爱面子，有很强的虚荣心，在家里却被老婆"管理"得服服帖帖的。张女士是怎么做到的呢？原来，她只不过是常常夸他。比如他心血来潮做了一次饭，她就对他说："老公，没想到你做饭真不错哩！色香味俱全，有做大厨的天赋。"夸赞之后，他兴趣高涨，渐渐将做饭演变为一种习惯了。

还有一次，他想买一件高档的西服，她就对他说："我的老公天生长得帅，别人都看你的长相了，谁还在乎你穿什么牌子的衣服呢？"结果他也不买什么名牌了。

相信结了婚的女人多多少少会为丈夫的"虚荣心"而烦恼，会引起一些小争吵。不过聪明的张女士却利用这一点，赢得了老公的欢心。

"有效赞美"是由两部分组成，第一部分是我们的赞美之词，就是我们说的好听的话；第二部分是我们对赞美之词的演绎和深化。对于成年人来说，他们听到你的赞美之词，会自然而然地想到第二部分，所以我们不用多费口舌。然而对于小孩子来说，因为他们的心智还没发育成熟，很有可能误解你的意思，使你的赞美"失效"。

作家毕淑敏曾讲过这样一个真实的故事。

一位中国女士来到北欧，去访问一位著名的学者。那天刚好是周末，教授的小女儿刚好在家。小女孩有一头金黄的头发，大大的蓝眼睛忽闪忽闪，非常可爱。这位女士把带去的中国玩具送给了小女孩，小女孩很有礼貌地微笑着说谢谢。女士觉得女孩太可爱了，不禁地抚摸孩子的头说："你长得这么漂亮，真是可爱极了！"

小女孩高兴地蹦蹦跳跳回到房间里。不料，在一旁的教授却一脸严肃，对这位女士说："你伤害了我的女儿，你要向她道歉。"这位女士非常吃惊，夸小女孩漂亮，怎么是伤害她呢？

教授解释道："你夸她漂亮，会让她很高兴。但漂亮不是她的功劳，是由基因决定的。她还小，不会分辨，如果她接受的赞美多了，会认为天生的美丽就是一种博得他人欢心的资本，这样她就会瞧不起相貌丑陋的孩子，会陷入一种误区。不过你现在还可以弥补，你可以去夸她有礼貌，夸她的微笑。"教授的解释让女士豁然开朗。

故事中，这位中国女士对孩子的赞美不但没有获得教授的欢心，反而让教师担心孩子的健康成长。这个故事一定对我们中国人的启发很大，不知道读完这个故事的中国妈妈们作何感想？在日常生活中，我们常常听到别人这样夸奖孩子"这孩子长得真漂亮！""孩子真俊啊！"等等。"长得漂亮"、"真俊"等这些都是赞美之词，但正像教授所说的那样，漂亮与否是由基因决定的，不应该加以夸耀、赞美。这种赞美不是"有效赞美"，而是"无效赞美"，甚至是种具有伤害性的赞美。负责教育孩子的妈妈们一定要在这方面谨慎些了。

有效赞美是一种能力和艺术，实事求是的赞美让人听起来很舒服，让人有"原来我这么好"的感觉，对方自然会喜欢上你，会围绕在你身边。赞美一定要发自内心的，不能像拍马屁那样违心。

在这里，给想讨得别人欢心的女人们做一个有关"有效赞美"的总结：

**1. 赞美要看对象。**

对于不同的人，我们要选择不同的赞美之词。比如在家庭中，因为关系亲近，稍微过度的赞美也没有关系，反而会体现女人的可爱和温柔。但在同事或者朋友中，赞美就要适度，实事求是。对于小孩子，女人们要考虑到孩子的成长问题，尽量赞美其良好的品行。

**2. 真心赞美。**

赞美一定要真心，发自肺腑。因为只有真心的赞美才会让人感动，让人觉得真实，才会获得信任，获得别人的欢心。

最后，赞美要"有效"，要针对性强，可以从某个细节入手，比如厨艺、发型等等，这样才能让别人容易接受。

# 真诚的赞美让女人更美丽

亲爱的女士们，当看到自己的丈夫每天都在为了整个家庭而拼搏时，你们是否有真诚地赞美过他们的努力？当去一家餐厅吃到非常美味的晚餐时，你们是否会当面称赞做出这些美味食物的厨师？当感恩于身边的朋友、同事给予自己的帮助时，你们是否有认真地赞美过他们的贴心与陪伴？

人人都渴望得到赞美。赞美是一种看不见的力量，它是源源不断的，能鞭策着我们不断前进，能使我们不断地完善自己。人们渴望得到真诚的赞美。所以，聪明的女人都懂得赞美他人要自然、真诚的道理。

在看一个访谈节目时，男嘉宾刚上台，还有些局促、紧张，不能很好地放开自己。女主持人为了摆脱这种局面，稍微减少一些男嘉宾的压力，看到这位男嘉宾的领带非常漂亮，就随意地说了一句："你戴的这条领带非常特别，真的很漂亮。"

男嘉宾听后，精神果然放松了不少。原来，男嘉宾的这条领带是一个特殊朋友送的，女主持人的话让男嘉宾想起了关于领带的一些趣事，于是二人就自然而然地攀谈了起来。

女主持人随意的一句赞美就能使男嘉宾放松下来，最主要的原因就是因为女主持人的赞美恰到好处，而且说到了对方的心口上，就显得特别真诚，故而男嘉宾才能放松下来，与女主持人轻松地交谈。

我们的生活需要赞美，赞美的力量是无穷的。我们每个人都希望自己付出的努力能够得到别人的夸赞和认可，并为了这个目标而坚持不懈地奋斗。所以，做一个懂得赞美的女人吧！不要吝啬于一句赞美的话，认为说不说都无所谓，也不要把一些事情看做是理所应当的，真正聪慧、善良的女人应该学会把赞美说出来。

1920 年，戴高乐还是一名小小的上尉。有一次，戴高乐将军参加了一场舞会，在舞会上认识了汪杜洛小姐。

戴高乐将军当时只是觉得这位小姐长相很漂亮，但是并没有特别注意她。后来，戴高乐有幸邀请这位小姐与他共舞，在优美的旋律下，这位汪杜洛小姐用她那双会说话的大眼睛望着戴高乐，认真地说说："上尉先生，认识你我感到非常的荣幸。我都不知道还有什么话能够更加动听，能比此时此刻的时光更加美丽……"

汪杜洛小姐的赞美使得两人的距离一下子拉近了很多，也使戴高乐对她另眼相看，此后二人开始了恋爱，不久定下了终身。

大文豪马克·吐温说过："一句美妙的赞语能使我多活两个月。"而在戴高乐将军和汪杜洛小姐这里，一句真诚的赞美却是打造了一段美丽的爱情和婚姻。那么，对于我们，对于生活，赞美到底意味着什么呢？

赞美，就像是一个电动马达，能够为别人带来动力和能量；赞美，就像是一缕阳光，能为我们的生活带来光明和温暖；赞美，就像是精致的妆容，能让我们自己的内心更加美丽。总之一句话：我们的生活需要赞美，需要真诚的赞美。

赞美并不是阿谀奉承，而是要用真诚的心来夸赞对方，要把握好赞美的尺度。所以，女人如果打算赞美别人时，首先要清楚那个人本身有哪些值得赞美的地方，千万不能毫无根据地随意赞美别人，否则只会适得其反。

**1.态度要自然、端正。**

真诚的赞美首先要有一个纯洁的动机，并不是为了谋求什么才赞美，而只是因为"美"才赞美。著名的演讲大师卡耐基说过："如果我们只是企图从别人那里获得什么，那我们就无法给人一些真诚的赞美，那也就无法真诚地给别人一些快乐。"因此，若是不想让自己成为一个虚伪的女人，不想让自己的赞美流于奉承，那么，在赞美他人的时候，就一定要端正自己的态度，使自己显得诚恳、坦然。

**2.赞美要找好时机。**

俗话说："花堪折时直须折，莫待无花空折枝。"赞美也是一样的道理。真正的赞美在于相机行事、适可而止，要做到"美酒饮到微醉后，好花看到半开时"的那种境界。

**3.逆境中的赞美更真诚。**

俗话说："患难见真情。"需要赞美的不是那些早就已经功成名就的人，而是那些因被埋没而产生自卑感或者是身处逆境的人，这时候的赞美才更显真诚。因此，最有实效的赞美不是"锦上添花"，而是"雪中送炭"。

【第六章】
# 不懂说话的女人求人办事难上难

当你面临困境手足无措，需要求助于人的时候，你会怎么做？还是一如既往，做一个"不张嘴儿的闷葫芦"吗？答案当然是"不"！因为，聪明的女人不会再让自己陷入这样的困境，不会再让自己因为不懂说话技巧而办事无"门"！

# 拥有好口才，
# 求人不再是难事

有两个女人向别人寻求帮助，一个说："请你帮我一个忙好吗？"另一个女人说："你给我把这个弄好！"如果是你，你会乐意帮助哪个人呢？肯定有人会说："那还用问吗？肯定是第一个人呐！"大家都会选择帮助第一个人，因为她说话非常有礼貌，而第二个人明明是有求于人，反而用命令的口气跟对方说话，别人又怎么会心甘情愿帮助你呢？

人生不如意十之八九，我们在面对不顺心的事情时，常常需要别人的帮助才能解决。如果别人帮助我们而没有利益可得的话，对方可能不会乐意，更何况有的女人还用命令的口吻呢。可是，聪明的女人懂得用自己的三寸不烂之舌说服别人，不仅让自己求人不再是一件难以启齿的难事，还会让别人主动、乐意帮助我们解决问题。

有一对夫妻走到了一个陌生的城市里，他们需要一些零钱坐车，但是他们只有百元的整钱了。于是，妻子就让丈夫去路对面的便利商店里换零钱。男人走到便利商店里面，看到那里有位正在织手套的老太太，于是直接拿着一张整钱说："喂！老太婆，我要买一份报纸，剩余的钱给我换成零钱。"

谁知老太太头也不抬地说道："没有。"

男人一听就急了："哎，这老太婆，有生意不做，真是的！"说完就生气地走了。男人气冲冲地走到了妻子跟前，说没有换到零钱，妻子就纳闷了："怎么会呢？我去看看。"女人走进了便利店，笑着对老太太说："您好，打扰一下，能请您帮我换点儿零钱吗？我们一会儿需要用。"

老太太抬头看了看女人，也笑着说："当然可以。你需要多少？"

女人换好零钱，道过谢后，高兴地走了。

这对夫妻同样去便利商店的老太太那里换零钱，却得到了完全不一样的待遇。究其原因，就是因为丈夫在请求别人的帮助时太没有礼貌，受到了老太太的"区别相待"，而妻子则使用一种礼貌、恳求的语气与老太太商量，最终让自己换到了零钱。

若是想求人办事，不仅要说话有礼貌，还要在此基础上做到会说、能说。无疑，求人帮忙时，有礼貌的女人更加讨人喜欢。由于我们是有求于人，所以一定要注意最基本的礼节。例如，当我们不知道如何去电影院，询问路人时应该说："请问到电影院怎么走？"如果请求别人为我们解答疑难问题时，应该说；"我想向你请教一个问题，你现在有时间吗？"用语礼貌、行为得体，容易获得别人的好感，这当然方便我们有求于人。

其次，让对方认识到自己的利益所在。"天下没有免费的午餐"，我们在寻求别人的帮助时也是一样的。如果无利可图，别人又凭什么无私地帮助你呢？所以，聪明的女人懂得审时度势，知道在求人时该说什么样的话，这样才能让对方看到自己在未来能得到的利益和好处，如此对方也许才会尽心尽力帮助你。

另外，会说话的女人懂得把握时机。女人在求人帮助时应该学会察言观色。选择一个恰当的机会开口，成功率就比较大。当对方心情舒畅、时间宽裕时，请求他做点事得到回应的可能性就很大；如果对方不能答应我们的请求，女人也不要抱怨、愤怒，更不要恶语相加，而是应当礼貌道谢："还是要谢谢你！你忙你的去吧，没关系！我再找找别人。"

这样，对方在有条件帮忙时，肯定会鼎力相助。有些女人得不到别人的帮助就抱怨、发牢骚，这等于是堵死了自己再次向对方提出请求的道路。

最后需要说明一点，就是求人帮助时，端正态度决不意味着低声下气、点头哈腰，而是温和有礼、坦诚相待。

# 嘴上抹蜜的女人
# 求人更容易

吉斯菲尔伯爵说："各人有各人优越的地方，至少有他们自以为优越的地方。在其自知优越的地方，他们固然喜爱得到他人公正的评价。但在那些希望出人头地而不敢自信的地方，他们尤喜欢得到别人的恭维。"

实际上，几乎所有人都喜欢得到他人的肯定、赞美、恭维。天生爱美的女人们在买衣服时，如果听到旁边的导购小姐或者是同伴对自己说"你穿上这件衣服真的很漂亮，显得你身材非常好"之类的话，肯定会感到心花怒放。这么着，她可能就会把计划之外的一些衣服给买下来。这也是世人为什么说"女人的钱最好挣"的原因之一。

事实的确就像吉斯菲尔伯爵说的那样，没有人不喜欢被恭维，所以假若遇到需要求人办事的时候，就应该适当地在言语上赞美别人。

丽莎因为最近炒股做投资还需要两万元钱，于是就向身边的人求助。但是，丽莎知道，一下子跟别人借这么一笔钱，还是投资在炒股这种事情上，而自己的工资又不是很高，如果别人知道了，肯定会不愿意借给自己。丽莎就认真想了一下策略，瞄准对象后，她就像一名狡诈的猎人一样向着自己的猎物出手了。

丽莎计划借钱的对象是她大学时期的一个同学，她们那个时候的关系还不错，这几年也一直有联系。而她这个同学嫁了一个有钱的老公，她自己也在银行上班。所以，丽莎想，这两万块钱不是什么大问题。丽莎想好后，就挑时间把她约了出来。

二人一起逛街，聊着家庭、同学、工作上的八卦，丽莎在言谈之间对这位同学的好婚姻和好工作不经意地表现出艳羡，这使得她的同学在言谈间也更加自得起来。后来，丽莎就说到了一位朋友在炒股，然后轻轻松松赚了很多钱。说到这儿，这位同学就说："我听人说，炒股不是不靠谱吗？"

丽莎一看这位同学主动问起来了，就解释道："这得看方法和眼光对不对了。哪一行都是这样，有赚就有赔。像我这朋友，不就赚了？再说了，炒股就是钱生钱，而且只要资金雄厚，一般多少都会赚一些。那些赔了的，是因为过于胆小而不敢投资，才给套牢了。像你家这种情况，完全就不用担心，肯定稳赚不赔。"

这一番话说的丽莎的同学明显心动了，拉着丽莎咨询了一堆问题。然后，丽莎又不失时机地说出自己手头上正好有个资源，就是资金不够，而丽莎的同学一听，就欣然加入了。

丽莎之所以能够成功说服同学和自己一起炒股，就是因为她有一张巧嘴，说得自己的同学蠢蠢欲动，进而同意了丽莎的提议。丽莎的这一番说辞，在外人看来并不是她在求人，而是在帮助别人，让别人和她一起投资，不可谓不聪明。

"人性的弱点，决定了人是最禁不住恭维的动物"，我们都喜欢听到别人的赞美、恭维，当听到别人的吹捧和赞扬时，心中就难免产生一种莫大的优越感和满足感，往往也就会高高兴兴地听从对方的建议。因此，要想别人为我们办事，聪明的女人会在嘴上抹上蜂蜜，会说好话恭维他、赞美他，对方心情愉快了，一般都不会放着别人的难题不管。

当然，嘴上抹蜜，虽然会让别人感到高兴，但是如果说话不当，那些"蜜"就有可能为自己招来苍蝇和虫子，不仅破坏了别人的好心情，也让自己恶心不已。因此，女人在说好话的时候要有技巧，要看对方喜欢听什么样的好话。

**1. 说好话应该做到坦诚得体、不做作。**

有些女人为人比较虚伪，她们在恭维别人的时候说出来的话都是一样的，就像是有一个既定的"模版"一样，这样千篇一律的说辞只会让听到的人反感和厌恶，恨不得离你越远越好，又怎么会认真帮你的忙呢？

**2. 要说积极向上的话。**

一些女人认为：既然我是去求你帮忙，就需要激起别人的同情心，这样别人才会同情我、帮助我，那我就应该表现出一副我很凄惨、很沮丧的样子来。在这样的心理诱因下，有些女人就会情绪低落地说一些沮丧的话。殊不知，人们虽然都同情弱者，但是情绪过于低沉会让别人看着心里也不舒服，让人感到压抑，自然也容易产生不耐烦的情绪。

**3. 激起对方强烈的自尊心。**

每个人都有很强的自尊心，尤其是当一个弱女子去求助于一个男人时，他的自尊心会膨胀到极致。说到底，吹捧、恭维对方就是一种高妙的"绵里藏针"：聪明的女人会在一开始就把对方说得飘飘然，让对方觉得自己无所不能，这个时候女人再突然提出自己的要求，并在话里话外透露出"你真的可以吗？"这样的意思，让他们觉得你是在怀疑他们的能力和权威，一旦他们感到自己的权威受到了挑战，就必然会尽全力证明给人看。

**4. 注意语气和措辞。**

求人办事，即使是关系很密切的人，女人也要注意自己的措辞、语气。切忌使用命令的口气，如"你必须帮我办"、"一定要完成"……这样说话，有时有强人所难之嫌，让人难以接受。最好使用缓和、舒服的语气，比如可以说"请尽量帮我一把"、"最好能帮我干到底"等话，给人留下回旋的余地。

**5. 你需要对方做什么就说什么。**

我们求助于别人，一般都是因为我们在某些方面不精通，而对方却精于这些。所以，我们除了求人要"术业有专攻"外，还要尽量恭维别人擅长的方面。只有当一个人很有兴趣地谈到他的专长，或他所取得的成绩这样的时刻时，我们适时地提出与之相关的要求，才会让对方拒绝我们的可能性变得最小。

# 知道对方的弱点，
# 才能一语中的

有许多女人反映：我平常也能说会道的，在需要人帮忙时也滔滔不绝地说了许多，也对人家许下了众多好处，可是为什么人家仍然无动于衷呢？

实际上，往往是因为你没有把话说到点子上，才导致了这一结果。大家都了解"田忌赛马"这个故事，知道田忌最后能赢得比赛，就是因为他清楚地知道对方的弱点在哪里，然后采取正确、有效的措施，化不利为优势。同样的道理，女人在求人办事时，也可以选择这样的方法，找准所求之人心理的薄弱点，然后一语中的。

孙静是一名保险推销员，她这次的目标客户是一家文化公司的总经理。

一大早，孙静就来到了这家文化公司的写字楼前。进去之后，孙静先做了自我介绍，而后就羡慕地说道："哇，好气派啊！我从来没有见过这样精致漂亮的办公室。如果我也能像您一样坐办公室就好了，就不用每天风里来雨里去了。"

这位总经理听后，微笑着说："我还羡慕你们呢！你们能够每天跑来跑去地锻炼身体呢！"就这样，孙静和这位总经理就从关于如何健身这一方面，开始了他们的谈话。谈话过程中，孙静多次透露出对办公室的赞美和羡慕，让总经理的虚荣心得到了极大的满足。结果就是在这种轻松的谈话间隙，孙静成功地订下了保单。

每个人都会有自己的弱点，也都会想尽办法把这些弱点遮蔽起来，以免成为别人的笑柄或者是威胁自己的利器。但是，隐藏再深的弱点也会被人挖掘出来。所以，如果我们有求于人时，就应该从对方的弱点出发，一击命中。

熟读过琼瑶小说的人肯定都对《梅花烙》这个故事印象深刻，书中的硕王福晋雪如就是一个能说会道的人，她正是因为说中了皇太后的弱点，才让自己和女儿逃过了这次灾难。

梅花烙讲述了一个类似于"狸猫换太子"的故事。当时，硕王福晋雪如与妾侍翩翩都身怀六甲，硕王曾说过："谁先生下男孩儿，这个孩子就是硕王府的世子。"然而，不幸的是，福晋雪如虽然先生产，但是却生下了一个女孩，为了保住自己的地位，她就偷偷让人把女孩儿换成了男孩儿。等到这两个孩子长大后，二人相遇了，并相互爱上了对方。而福晋雪如偷梁换柱的事情也东窗事发了。为了保住硕王府，福晋雪如进宫拜见了当时的皇太后。

大清的制度很奇怪，皇帝为了避免出现"后宫干政"的情况，禁止亲母抚养自己的儿子。所以，乾隆皇帝之前并未在皇太后跟前长大，这对每个母亲而言都是一段痛苦的经历。福晋雪如深知太后当年的痛苦，也知道这是她心中不能触碰的脆弱。雪如为了拯救自己的家族，铤而走险地以太后为例诉说了自己这样做的无奈，并用一句"可怜父母心"赢得了太后的支持，这才让自己与整个家族免了杀头之祸。

如果福晋雪如没有抓住太后的心理弱点，只是一味地求饶，说着"太后开恩"、"皇上饶命"之类的套话、废话，在很大程度上就可能已经被斩首示众了，又怎么还会使整个家族全身而退呢？

由此得知，女人在求人办事时，不仅要有一张巧嘴，要嘴上功夫到家，更重要的是要掌握对方心理的薄弱点，"恭"其所需。那么，一个聪明的女人如何能知道别人的弱点在哪里呢？

**1. 做好调查。**

女人求人办事时，要对所求之人有一定的了解，然后根据他的性格、家庭等原因，寻找他的"弱点"在哪里。找到后，再思考对策。譬如，如果对方是一个影迷，即使你不喜欢电影，也要和他聊一聊电影。你还可以请他到电影院看一场他喜欢的电影，这样就会拉近彼此的关系，办事就会简单许多。

**2. 掌握好"度"。**

女人求人办事，关键要让对方从对话中领会到我们的肯定、理解、欣赏和羡慕。我们还要说得恰当，否则就如同隔靴搔痒，即使找到了对方的痒处，也起不到什么作用。所以，我们应该掌握好这个"度"。

**3. 说他们喜欢听的话。**

求人办事，就得把握好对方的脾气、爱好，投其所好。因此，我们不一定要有拍马屁的好本事，但是一定要肯花时间去赞美对方，千万不要吝啬自己的语言。只有"恭"其所需，对方感到自然愉悦，得到充分的自我满足，才会倾心相助。

# 妙语如珠的女人，
# 做事更富成效

如果一个女人能做到舌绽莲花、巧舌如簧，那么，当她处理起事情来，就会比较容易。应该说，好口才是女人应该具备的一大法宝。

我国的前外交部长吴仪在国际政坛号称"东方铁娘子"，以作风强硬著称。《福布斯》曾指出，在有关中国货币定值问题的棘手谈判中，她目光逼视美国财长保尔森，使之不敢与她正视。更让人佩服的是，她尤其懂得利用机智的妙语，以便更加轻松地达成目的。

中美关系一直是我国外交内容的重头戏，而美国国会对中国的态度一直要比总统冷淡。所以，当2007年外交部长吴仪携团访问美国时，如何不卑不亢地获得美国国会的好感，就成了她此行的重要工作。

当被问及到国会拜会的观感时，吴仪用英文"verydifficult"（非常困难）来回应，吸引了美国人的眼球；紧接着，面对有美国媒体宣称她会见众议院议长南西·佩洛西就是"入虎口"的说法，吴仪风趣的对答道："虎口本来就在我的虎嘴上（吴仪属虎），所以没有关系"。

吴仪的措辞，幽默中透着胆量，其中蕴涵的智慧赢得了美国政坛的钦佩，以至于"我的美国朋友告诉我，他们从来没见过Nancy（即南西·佩洛西）在会议上脸上带着笑容"。

在此次访问中，吴仪不仅屡次后发制人，轻松化解对方的攻势，还曾不失时机地调侃美国国会的工作情况。这次她参加美国众议院的工作会议，会上有不少议员和助手为了交流意见而离席在会场上走来走去。对此，吴仪这样打趣道："我上国会山次数多了，对参众两院人流不断，早习以为常……但我的部长们有的是第一次来，看人们在会议中来来去去，觉得怎样这么不礼貌？"结果，又引来台下一阵哄笑。

吴部长迂回绕过美国国会日益形成的反华情绪，还不时"忘记"人名，频频向在舞台侧边的中国女翻译讨教，用巧妙的语言赢得了美国众议院议员的好感。以至于在接下来制定对华政策时，便有了更多的美国议员赞成保证中国的利益，从而是中美双方取得共赢。就这样，吴仪没有支付任何成本，没有给付对方任何好处，这些议员就已经在为中国的利益着想了。这就是妙语如珠的巨大作用。

1943年，宋美龄女士先后在美国国会山等地发表了7次正式演讲，以一口流利的美国南方口音和机智的措辞，把中国人民英勇抗战的情况介绍给了美国政府和人民，赢得了这一当时世界第一经济强国官民两界的支持。

为了拉近与美国人民的距离，在演讲中，宋美龄动情地倾诉："我来到贵国时是个小女孩，我熟悉贵国人民，我和他们一起生活过。我生命中成长的岁月是和贵国人民一起度过的，我说你们的话，我想的和你们一样，说的也和你们一样。所以今天来到这里，我也感觉我好像回到家了。"

而她细腻的心思也得到应有的回报，宋美龄女士离美返华时，美国媒体这样称赞她："蒋夫人……博得了人们极大的钦佩和欢迎，这是自从林德伯格成功飞越大西洋以来，任何人都没有受到过的待遇……

美国人对她'洗耳恭听'"。

在与美国官方的接触中，宋美龄女士更加字斟句酌。在罗斯福总统为宋美龄主持的记者招待会上，有记者怀疑中国军民的力量并没有得到充分的利用，侧面提出了宋美龄此番访美寻求军事援助的正义性的疑问。面对这种近乎赤裸裸的质疑，宋美龄女士不仅没有被难倒，她还利用回答对方提问的机会宣传了中国需要军事援助的急迫性：

"我们不可能赤手空拳去打仗……我们需要军需品……我们有受过训练的飞行员，但我们没有飞机，也没有汽油，问题是我们如何得到它们。"

宋美龄女士以娇弱的女性身躯，远涉重洋肩负起寻求美国援助的重任。而她不仅出色地完成了任务（事实表明，宋美龄访问美国以后，美国在援华飞机数量、空运物资吨位方面都有了重大突破。1944年上半年，美国援华空军飞机超过了500架，下半年通过"驼峰"航线的来华物资，每月超过46600吨），还因其激动人心的演说而多次赢得了雷鸣般的掌声。其中有一次，掌声甚至长达五分钟之久，被认为是美国历史上最著名的演说之一，轰动了世界。

宋美龄女士的演说在美国取得了非凡的成就，充分显示了话语的巨大作用。事实上，由于宋美龄女士这年在美国引起了过分广大的影响，以至于一位住在新泽西州东奥伦奇市的家庭主妇，寄了3块钱的汇票和一张上海儿童在火车站哭泣的剪报到白宫，要求代为转给宋美龄。这是宋美龄的国会演讲经由收音机转播全美，打动千千万万美国人民心田的最佳证明。

吴仪和宋美龄两位女士的事迹，充分说明了机智妙语的重要作用。因此女性朋友在平时都应注意培养自己活跃的思维和机智的头脑，并积极地锻炼自己的临场反应能力，这样才能在重要场合下收放自如。

# 会说话的女人会运用沉默的力量

《史记》中有句名言，叫做"桃李不言，下自成蹊"。桃李虽然默默不语，但由于会开出美丽的花、结出可口的果实，所以人们自然喜欢接近它们，而在树下形成小径。所以有人说，最有力量的语言是沉默。

然而，这与人们的普遍认知是相悖的。比如，在人们的潜意识里，都以为要说服别人帮助自己，就只能卖力地向对方说好话、恭维对方。殊不知，有句话说得好："沉默恰到好处，说服无声无息。"我们生活中许许多多的例子都说明，沉默有时比"说"更加具有说服力。

王萍和丈夫是大学同学。和其他情侣一样，他们在结婚的前几年也是恩恩爱爱。可是自从有了孩子，王萍就很少有时间和丈夫享受二人世界的欢愉，夫妻俩偶尔出去散心也要抱着孩子，那种携手同游的感觉似乎再也回不来了。

丈夫逐渐变得不那么依恋王萍。他渐渐习惯在外面吃晚饭，有时甚至午夜以后才进家门，醉醺醺地倒头就睡。王萍虽然失落，却没有向丈夫发火。因为她觉得，无论如何，虽然情有可原，但她做得确实不够。她一直默默地履行着妻子的本分，一如既往地对丈夫知寒知暖，依依百顺。

终于，四个月后，丈夫在工作中受到了触动，明白原来妻子其实和自己承受着同样的失落，但自己却把生活的重担全压在了她一个人的身上。于是，从此以后，幡然悔悟的丈夫每天都早早回来，陪伴王萍。

曾仕强在讲《易经》时说，女人是大地，大地是承受东西的，应该学会包容；大地越沉默越有力量，而女人越是沉默，越能把男人收拾得服服帖帖。王萍的沉默和包容，最终让她的丈夫浪子回头，美好的姻缘得以延续。

西方人把沉默比作金子，《庄子》也以"不言而言"来代表以沉默的方式来说服别人，用无言的战术来达到目的。当女人的"一哭二闹三上吊"不起作用后，当女人的喋喋不休于事无补后，女人可以试着用沉默来应对。

如果一个经常大吵大闹的女人突然安静了下来，这种反常的行为会使别人感到不安，对她心生怜惜，进而按照她的意愿来办事。

一个女孩儿想要买一个大玩偶，但是由于她已经买了好几个了，所以她的男朋友不同意再买这样一个"中看不中用"的东西回家。女孩儿跟男孩儿撒娇，男孩儿不让买；她跟男孩大吵大闹，男孩还是不让买；她哭着向男孩哀求，男孩仍然不让买……

最后，女孩儿一句话也不说，就在那儿直盯盯地看着男孩儿。或许是因为女孩的目光太坚定，或许是因为女孩儿的神情太悲伤，或许是因为女孩儿从没有这样沉默过，男孩儿终究妥协了，为女孩买下了玩偶。

不难看出，女孩就是因为一反常态的沉默，才显示了自己的决心，

167

才让自己成功"说服"了男孩。由此可知，女人在说服他人时，并不一定非要喋喋不休，或者是急于用论辩的语言击溃对方，让其改正错误的观点；在适当的时候，女人可以选择沉默以待，这有时会更有效果。

"真正的雄辩与讷言相同"，当一个女人沉默不语，只是用坚毅眼神与对方对话时，会让对方有一种心虚的感觉。也许刚开始的时候，对方还会理直气壮、滔滔不绝，但是当你长时间以沉默回应，并加上一点眼神的暗示，就会对他造成非常大的影响。

因为人的心理是很奇怪的，如果别人一直不回应自己的言论，她就会逐渐怀疑自己是否正确，直至最后放弃自己的观点。所以，女人在说服他人的时候，适时地用沉默代替言语，会有意想不到的效果。但是，在选择用沉默说服别人时，应该要注意以下两点：

**1.沉默并不是"吵冷架"。**

有些女人以为沉默就是跟别人在使用"冷暴力"，就是在"吵冷架"。殊不知，我们选择沉默应对的最终目的，是让对方答应我们的请求，而不是让对方与我们的距离越来越远。

**2.沉默并不是阴郁。**

有些女人在沉默时会显得特别压抑、阴沉，让人看了就想绕道走。其实，真正的沉默是一种无声的申诉、请求，是能让被请求之人感到怜惜、怜爱的，而不是让人看了就恨不得躲开的那种。

# 懂得说话的女人
# 会保护男人的自尊心

查尔斯·李德说过："一个女人最能使人心醉的迷人之处，莫过于在一个男人面前表现出自己的软弱。"这是因为女人们这样做了，会激发起男人们的大男子主义，激发出男人的虚荣心，这会促使男人们答应女人的请求。

男人都有很强的好胜心和自尊心，也有很强的主权意识，不容许自己的自尊心受损，尤其是在女人面前。所以，聪明的女人在向男人请求帮助时，可以在言语上刺激他，激起他们的自尊心，让他们主动保护这些"弱女子"。

王华在办公室里用的那台电脑不知道出了什么问题，经常黑屏。于是，她就想请办公室里传说的"电脑高手"李磊给帮忙修修看。不巧的是，李磊前几天一直在帮别人修电脑，自己的工作都没怎么做，于是这几天就把别人找他修电脑的事情给推掉了。

但是，王华是一个非常聪明的女人。她并没有直接请李磊帮她修电脑，而是在吃午饭的时候，与李磊聊起了电脑知识，然后用"真的吗"、"这样也可以啊"、"你的技术这么好啊"之类的话去附和李磊，随后又提出自己的电脑一直黑屏，不知道怎么回事。

此时，李磊主动说要帮王华修理电脑，但是王华却说："这样不好吧？耽误了你的工作怎么办？再说，你真能确定你能修好吗"谁知，李磊一听这话，非要帮她修电脑不可。就这样，王华很轻松地就请来了李磊，让他帮自己修好了电脑。

王华用一个"捧"字，激起了李磊的自尊心和好胜心，以及不肯在女人面前输面子的虚荣心。他哪怕明知道这是个"圈套"，也仍会心甘情愿地跳进去。其实，大多数男人面对女人的示弱、求助时，只要她们提出的要求不是非常苛刻，男人们一般都会予以满足。

如果我们肯仔细看看周围，就会发现，懂得示弱的女人更加容易成功：表面上看，女人示弱满足了男人的虚荣心，是男人在帮助女人，实际上却是女人在利用自己的弱势让男人为自己所用。因此，古老的荷兰才会有这样一句俗语："当女人美丽的眼睛盈满泪水时，看不清楚这个世界的却是男人。"

天津有一家小吃馆，店内的老板娘是一个非常懂得说话的人。那位老板娘说话总是温声细语的，不仅声音动听，还特别善于给人面子。因此，这家店里的生意总是很好。

有一次，店里的顾客又有很多，显得挺拥挤。结果，服务员在上菜的时候不小心被人挤了一下，一下子把一盘滚烫的菜和汤汁洒到了一位高高壮壮的小伙子身上，这个小伙子当即就被烫得大叫了一声。

老板娘看到后，立即放下手上的工作跑过来看他的伤势，并不住口地说"对不起"，还说会赔偿小伙子的衣服。而负责端菜的女服务员则被吓得眼泪一下子流了出来，却又强自抑制住自己的哭泣，哽咽地对小伙子道歉。

这个小伙子本来突然被烫，火气非常大，正想骂人呢，却看到女老板和服务员的这个态度，尤其是那个服务员，觉得她哭得那么凄惨，就不忍心再骂了，也不忍心再说什么凶狠的话，只是悻悻地说了一句"没关系"，就去洗手间处理自己的衣服去了。

如果没有老板娘和服务员的真诚道歉，没有她们的主动示弱，故事中的小伙子说不定就不会这么轻易原谅她们。由此可知，女人适时地示弱，确实要比言语来得重要。

或许在刚开始的时候，有的女人看到这个标题还会不屑，觉得男人们平常就够傲慢自大了，为什么还要再"捧"他们呢？而且，在大家的认知里，"捧"并不是一个好词，反而是带有一定贬义的。因为这个词反映了世人一副阿谀奉承的谄媚相，有损于自己的人格。

其实，捧人是一种高深的学问，更是一门艺术。捧什么人，在什么场合捧，怎么捧，都有很大讲究。会捧人是一种智慧，愿捧人是一分度量。我们女人要想懂得说话，要想不让自己的人生输在说话上，就应该仔细研究一下这门学问：

**1. 捧得有技巧。**

女人在夸捧男人时，应该做到与众不同，不能千篇一律地说"你长得真帅"，而是应该挑男人们更喜欢的地方去捧。这样，他们就会有一种"她说的对，我就是这样"的感觉，从而对你产生好感。

**2. 在事实的基础上捧人。**

我们捧人，并不是要天马行空地肆意编造好话，而是应该以客观事实为根据，"捧"得恰到好处。

### 3."捧"人的话不需要常常说。

过多的赞美和好话，就会让人产生"听觉疲劳"，不想再听下去，这样一来，以后再说好话就没有多大意义了。当然也不能不说。有的女人性格内向，对于这些夸奖异性的话羞于启齿，所以就不说，这样也是不对的。总之，对于捧人的话，要适量、适度。

# 注重礼尚往来的女人
# 更有"贵人"缘

我们看到，平时不用功的学生常常"临阵抱佛脚"，该考试了才担心起来，用起功来。其实，不只是学生在学习上容易犯这样的毛病，我们许多成年人，尤其是喜欢宅在家里的家庭主妇们在求人办事上，也容易犯这样的毛病。

她们要么不喜欢和别人打交道，每天的活动范围很有限，所以当她们遇到困难，想要求人办事时，却找不到合适的人帮助自己；要么就是一些过于精明的女人，只看重眼前的利益，对眼下于自己有帮助的人笑脸相迎，但与自己暂时没有瓜葛的，甚至连看都不肯看一眼。因此，当她们遇到困难时，就没有人愿意帮助她们。

唯有那些懂得人情世故、真正有生活智慧的女人，会与身边的每一个人都友好相处，会自始至终都以礼待人，平常就与大家礼尚往来。所以，这样的女人遇到困难时，向人求助很容易就能获得满足。

婧婧毕业之后想把户口迁到自己工作的城市，她打听到自己同学的妈妈在市公安局户籍科工作，便想请她帮个忙。婧婧给同学的妈妈买了一些高级的营养品，前去拜访，说明来意后，同学的妈妈满口答应下来："既然你和我女儿是同学，这事就交给我吧，你放心，需要什么我会随时通知你的！"

这种事要是搁在以前，本不是一件难事，但是由于那段时间户口查得紧，同学妈妈想尽了办法还是没能帮婧婧办成，为此她很抱歉。她本来以为婧婧会失望、不满，没想到婧婧却显得通情达理，笑说："我也知道这事不好办，让阿姨为难了。没关系，我再想其他办法吧！"一直过了几个月，婧婧也没有找到什么办法，她打算回乡找工作。临走之前，她特意请那位同学和她的妈妈吃了一顿饭，并再次表达了自己的谢意。

一年后，同学的妈妈还是帮她解决了户口问题。婧婧又惊讶又感激，说："谢谢阿姨还记得，这次真是多亏了您的帮助。"同学的妈妈笑着说："你这么懂事，让我想不帮你都难啊！"

婧婧之所以在一年后能得到帮助，就是因为她非常懂得礼貌和感恩，所以才给人留下了深刻的良好印象。倘若婧婧在得知事情没有办好后，就对同学的妈妈冷眼以待，那将会是什么结果呢？

然而，生活中仍有许多人只懂得卸磨杀驴、过河拆桥，他们都有一个不好的习惯：求人办事之前好话说尽，而事成之后，却立马将帮助过自己的人忘得一干二净。更有甚者，事情一旦没有办成，受助者不但不去感谢他人，反而责怪他人办事不力，耽误了自己。这多让人寒心！

所以，不管事情有没有圆满完成，作为受助者，我们都要向别人表示深深的谢意。

刘姥姥是《红楼梦》里一个让人难忘的角色。她是一位乡下村妇，因为天灾在老家实在熬不下去了，因此带着外孙板儿来贾府寻求帮助。这对当时盛极一时的贾府来说，实在不是什么事儿，"从牙缝儿里扫点儿就够他们吃好几年"，所以，凤姐就差人帮了刘姥姥。

刘姥姥是一个懂得感恩的人。来年农田丰收后，她还专门拿了许多东西来表达感谢，这样的行为让凤姐非常赞赏，而且还告诉了贾母，让贾母也认识了刘姥姥。刘姥姥得以畅游大观园，领略了一番富贵人家的奢靡生活。

凤姐帮助刘姥姥只是举手之劳，但是刘姥姥却把这恩情记在了心里，不仅经常往贾府送东西，还在贾府落难后，花了大把银子去牢里探望凤姐，甚至答应凤姐的请求，帮助凤姐找回被卖掉的大姐儿。

刘姥姥和王熙凤的故事，就充分说明了人与人之间平日里的礼尚往来、常来常往是非常重要的。我们都喜欢懂礼数的人，也唯有懂得感恩和礼数的人，才能为自己赢得更多的朋友，赢得更多的机会。

所以，我们一定要记住：求人办事，不管结果如何，事后都要向对方表示自己诚挚的谢意。这不仅体现了自己是一个懂礼貌的人，更表现出了自己对他人的尊重。这样一来，彼此之间的关系也拉近了。

## 【第七章】
## 懂得拒绝别人的女人
## 活得最轻松

------

对有些女人而言，天底下最难出口的那句话或许不是"我爱你"，或许不是"谢谢你"，或许也不是"对不起"，而是一个单单的"不"字。这个世界上，总是有很多女人，因为各种各样的原因，无法拒绝别人，最后却是伤人又害己。所以，女人应该学会拒绝，学会说"不"。

# 女人，
# 要有说"不！"的勇气

　　一提起"女人"，很多人想到的第一个词汇是什么？大概是诸如"温柔""美貌""虚荣"之类的词，但最多的还是"心软"。女人心软，常常不懂得拒绝别人，或者说，是没有拒绝别人的勇气。

　　女人可以像花木兰一样代父出征、驰骋战场，却没办法狠下心来对别人说"不"。曾经有一份调查显示，有75%的女人不善于拒绝，没有办法拒绝别人。女人应该学会拒绝，让自己变得勇敢，勇敢对自己不愿意做的事情说"不"！

　　笑笑最近很苦恼，因为她不知道如何抉择。笑笑在大学的时候谈了一个男朋友，二人的感情也非常好，相约等再过几年就结婚。但是，笑笑的父母并不知道她已经有了男朋友，就在她回家的时候给她安排了相亲。笑笑告诉父母自己有了男朋友，但是父母了解过笑笑的现任男朋友的条件后，就建议笑笑再跟别人相相看。

　　笑笑自小就非常听话，这次见父母这么坚持，不想让父母难过，就去相亲了。见面过后，虽然笑笑对对方并没有什么感觉，但是她不习惯说别人不好的话，只是保守地回了一句"还可以"。结果这让父母误以为她喜欢，于是很快地就安排了第二次见面。笑笑见父母这么积极，这才意识到父母对自己的男友并不满意，而男友也从别人哪里知道笑笑在相亲，为此很生气。笑笑这才重视起这件事，并且很苦恼，不知道怎么拒绝父母的安排。

后来，笑笑听取了朋友的意见，详细地对父母说明了自己的想法以及与男友关于未来生活的计划，并对父母说："我知道你们是为了我好，但是我已经长大了，我也明白自己真正想要的是什么。请你们放心，我会对自己负责的。所以，你们让我自己来选择吧。"这是笑笑长这么大以来第一次没有"听"父母的话，笑笑也自此明白了拒绝的真正涵义。

笑笑因为担心自己的拒绝会让别人不开心，所以宁愿委屈自己也要听从父母的安排，但这么做确是伤人伤己。幸好，笑笑在中途领悟了"拒绝"的涵义，懂得了拒绝并非伤害的道理，才能勇敢地对父母说出自己的想法，抓住自己的幸福。

其实，拒绝并没有想象中的那么难，关键就在于，我们是否有勇气说出那个"不"字。然而，生活中总是有许多软弱、虚荣的女人，或是因为怕伤害别人，或是为了保全自己的面子，而答应一些不合理或者是自己不可能完成的要求，到最后因为各种原因而没有实现自己的承诺，不仅惹得别人不高兴，也让自己痛苦。

有个女孩的父母因为事故而双双罹难，自此，女孩跟着姑姑生活。为了培养孩子，姑姑倾其所有，给了孩子最好的教育。终于，女孩如愿以偿地进了一所著名的大学。进大学后，女孩开始了半工半读的生活，并希望自己能够赚取更多的钱来回报姑姑。

女孩赚到了第一份工钱后非常高兴，就想送自己的姑姑一件礼物。于是，她对自己的姑姑说："姑姑，我想送你一件东西，你需要什么？"姑姑听后，仔细想了半天，告诉女孩自己想要一家连锁珠宝店的一套首饰。

女孩听到姑姑的答案后，有些担心首饰的价格太高，不知道自己是否会负担得起。但是，女孩还是一口答应了下来。后来，女孩去珠宝店看过首饰后，才确切地认识到，自己真的承担不起这一套首饰的费用。女孩不想买，但是想到姑姑的养育之恩，就无论如何也说不出拒绝的话。于是，女孩向自己的同学又借了一笔钱，给姑姑买了首饰。

姑姑收到首饰后，并没有女孩想象中的高兴，只是点点头收下，就不再说什么了。而后，女孩为了还钱，更加努力地打工。终于有一天，女孩的同学需要用钱，来找女孩要钱，女孩没有办法，只得找自己的姑姑，向她说明了情况。

女孩的姑姑听后，把钱给了女孩，说："我等你这句话等很长时间了。你应该记住这个教训：懂得拒绝别人。你明知道自己没有钱，为什么答应要买那么贵重的礼物给我？为什么不直接对我说'姑姑，我没有那么多钱，我可不可以给你买其他的礼物？'如果当时你拒绝了我，是不是就不会有现在这样尴尬的局面？其实，对于生活中好多的事情，我们都要敢于拒绝。孩子啊，你一定要学会说不！"

姑姑用生动、直接的方式给女孩上了难以忘记的一课，告诉女孩如果不懂得拒绝别人，而一味地迁就别人，只会让自己被束缚在其中。世界上没有超人，每个人的能力都是有限的，不可能满足所有人的需求。虽然我们都希望自己做一个宽容大度、落落大方的人，但这并不意味着我们必须答应做一些我们做不到的事情。

据调查发现，不懂得拒绝别人的女人，她们的意志力与懂得拒绝的女人相比，更加脆弱，她们在生活中和工作上更加容易受到其他人的影响。当然，拒绝是有一定的原则的。因为无论什么样的拒绝，都可能会伤害到别人，甚至包括自己。女人在拒绝别人时，要懂得考虑别人的心情，让自己的语气更加温婉，不能让对方感到尴尬和难堪。此外，女人在拒绝别人时应该选择一些正确、恰当、合理、得体的方式进行，尽量把对方的不满和不快控制在最小的限度内。

如果女人在该拒绝的时候不懂得拒绝，轻易承诺了自己不愿意或是不能履行的约定，最终只能让自己自食其果，还可能耽误别人，给别人造成困扰。所以，女人在必要的时候得说"不"，这才是明智之举。

# 合情合理的拒绝
# 楚楚"动"人

前几天看了一部电视剧，电视剧中的女主角在拒绝男二号的求爱时很高明，她没有说"你很好，可是我们真的不合适"之类的套话、空话来推脱，而是从家国大义出发，告诉对方应该把儿女情长丢到一边，投身革命，杀敌救国。

虽然这样的措辞也还是比较空洞，虽然女主角在说完后，转身就投入了男主角的怀抱，但是这样的说法却让男二号没有那么难过，也显得女主角深明大义，心怀家国与天下。由此可知，女人在拒绝别人时，应该为自己找一个合情合理的理由，不让被拒绝的人太过难过。

《红楼梦》中，贾瑞调戏凤姐的那一段写得特别好：

当时，整个贾府都在举行宴会，人们都喝了许多酒。贾瑞暗恋凤姐已久，在假山那儿看到凤姐，不仅没有遵从伦理进行躲避，反而主动搭讪："嫂子连我也不认得了？不是我是谁！"凤姐是一个多聪明的人，这话一听就感觉不对了。但是，她一个妇道人家，为了名誉没办法撕破脸求助于人，只好进行自救。于是说道："不是不认得，猛然一见，不想是大爷到这里来。"

在这里，王熙凤还是很礼貌地称呼贾瑞为大爷，表示彼此身份上的尊重，也暗示贾瑞不要胡来。谁想，贾瑞不领情，反而一面说，一面拿眼睛不住觑着凤姐儿："也是合该与嫂子有缘。我方才偷偷出了席，在这个清净地方散一散，不想就遇见嫂子也从这里来。这不是有缘么？"

王熙凤心里很生气，心想：好家伙，这个癞蛤蟆想吃天鹅肉了。但是面上并不表示对他的厌恶，只向贾瑞假意含笑道："怨不得你哥哥常提起，说你很好。今日见了，听你说这几句话儿，就知道你是个聪明和气的人了。这会子我要到太太那里去，不得和你说话儿，等闲了，咱们再说话儿罢。"

王熙凤实在是一个聪明人，用贾母为借口摆脱了贾瑞的骚扰。至于王熙凤到底是不是真去贾母哪里，别人不得而知，但是这个理由却十分的合理、有据，让贾瑞无话可说。所以，如果我们在拒绝别人时，不想让自己的拒绝显得无情，就应该找一个"理由"，告诉对方：不是我不想答应你的要求，我实在是身不由己。

生活中总有些人认为"面子比天大"，如果别人拒绝他就是看不起他，不给他面子，尤其当女人拒绝男人时，男人会更加脸上无光。所以，如果女人懂得拒绝的方法，在拒绝别人时找一个合理的借口或者是理由，都会在一定程度上弥补对方，不至于让对方难以接受。

或许有些女人会说："我就是不喜欢，不想答应他们的请求，为什么不能直接拒绝？"道理很简单，因为你不是天后王菲，你学不来人家高贵、冷艳的性格；这种事在天后做来就是有个性，放在你身上就是没礼貌。所以，女人们不要抱怨太多，而是应该多加强自身的修养，让自己有资格直接说"不"！

琳达是个心直口快、非常有个性的女孩，她讨厌一切虚伪的东西，认为人就应该是直来直去的，有什么说什么，真实地表达出自己的感受，否则就没有了自己的个性。虽然她的想法是好的，但是这样也让她越来越尖刻，变得不近人情，既伤害了别人，也伤害了自己。

有一次，琳达的同事艾娃邀请她在周末一起逛街买衣服，但是，艾娃逛街时特别喜欢试衣服，试了一件又一件，却一件也不买。这习惯让琳达很反感。于是琳达直接说："你逛街的时候试穿那么多衣服，却又不买，一整天都在浪费时间，我才不要和你一起逛街。"艾娃听到这话后很伤心，扔下一句"谁稀罕跟你一起逛街"就走了。

这件事就成了她们关系破裂的缘由。

其实，琳达完全可以换一个方式来拒绝艾娃的邀请，这并不是什么难事，但是琳达对"真实的个性"太过较真，伤害了别人。生活中，有很多人不注意说话，结果对其他人造成了伤害。所以，女人要想楚楚动人惹人怜，就应该懂得合情合理地拒绝别人。

**1. 拒绝要合情合理、有理有据。**

女人在拒绝别人时要尽量的摆事实、讲道理，告诉对方不能答应他们请求的理由，让他们明白你的为难之处，让对方看到你进退两难的处境，让对方不忍心再责怪你。这样一来，你的拒绝就容易得到别人的谅解。

**2. 借他人之"口"。**

借他人之"口"予以拒绝，也是最有效的方式之一。比如，当男士来邀请你跳舞时，就可以告诉对方你已经有舞伴了，这既不会让男士们的面子无光，又不必勉强自己做一些不喜欢的事情。

但是，各位女士们要注意的是，无论我们以何种方式、借口、理由拒绝别人，前提都是不能伤害对方或者是第三方的利益。譬如，就像第一个例子中说的那样，王熙凤可以说自己找贾母有事，但是不能说"老太太不让我跟你胡乱说话"之类的话语，不然就是在无形中中伤贾母，让贾瑞讨厌贾母。而且，如果因头脑发热说出这样的话，那么被拿来做"挡箭牌"的人知道后，肯定会生气，对你心生怨恨。

所以，有智慧的女人们在选择"借用"的理由时，应当选择那些与自己相关、比较真实、自己又能够把握的理由，这样才能防止自己借用的理由出现纰漏。总之，无论是什么样的拒绝，女人都应该谨慎小心，以免留下祸根。

# 女人的眼泪
# 是最好的拒绝武器

相信大多数女人都有这样的经历：当面临一些很难解决的问题时，比如与丈夫争吵不休，最后我们无奈得流几滴眼泪，却化解了这场争吵。人们都说女人是水做的，能用柔情能软化男人的心，而男人怜香惜玉的本性又让柔情成为女人们得天独厚的武器。

如何拒绝别人？女人大可采用流眼泪这种方式。但我们女人流的泪应该是真挚的，是发自内心的，而不是单单把眼泪作为一种专有的武器，去赢得对方的同情；如果你这样做了，那么你的眼泪不但不值钱，反而会让对方反感。

女人的眼泪在两种场合使用得比较多，一是面临感情问题的时候，二是面临家庭问题的时候。首先我们举一个感情问题方面的例子。

林徽因在一次沙龙聚会中认识了学识渊博的金岳霖，二人文化背景相似，志趣相投，交情很深。当时林徽因已经嫁给了梁思成，而金岳霖就住在梁家旁边，他们是邻居。金岳霖爱慕林徽因的才华，常常到梁家做客。林徽因对金岳霖也十分钦佩，二人之间的关系非同一般。

有一次，林徽因哭着对梁思成说，她困惑极了，因为自己同时爱上了两个人，不知如何抉择。梁思成听后，一夜没睡，苦苦思考该如何解决。后来他告诉林徽因："你是自由的，如果你选择了金岳霖，我祝你们永远幸福。"林徽因听后，明白了梁思成的爱是无人可替代的，可又不忍心伤害金岳霖。

最后，林徽因哭泣着把梁思成的话告诉了金，金看到林徽因都已哭成了泪人，意识到自己该退出了，于是他对林徽因说："看来思成是真正爱你的。我不能去伤害一个真正爱你的人。我应该退出。"有些人说，真正爱你的人不会先放手，可金岳霖对林徽因的爱是纯净的，是真的爱她。金岳霖一生未娶，始终坚守着心中的那份爱，直到离世。

林徽因的眼泪不是刻意的，她是真心苦恼，真不忍心伤害两个爱她的男人。她只能用眼泪来向金岳霖诉说她离不开梁思成，以此来拒绝金岳霖，金只好退出。女人对待感情问题时，常常会表现得柔弱，明明不爱或者不能爱那个人，却又不敢直接拒绝，怕对方受伤。其实，可以试试用流泪的方式向他阐明你的立场，这样不但让那个人明白你的心意，也不会伤害到他。

女人真诚的眼泪是一首诗，能阐述心酸、苦恼。女人眼泪的实质是情感，一种让人怜惜而又真挚的情感。在家庭中，我们与丈夫意见相左时，完全可以试试用眼泪去打动对方，用自己的真挚拒绝对方不合理的要求。

小燕和小杨结婚四年，有一个三岁的孩子，后因感情出现裂痕，俩人离婚了。离婚后，小燕要求孩子的抚养权归她，小杨也同意了。可不久，小杨在家人的教唆下反悔了，他要求小燕把孩子交给自己抚养，如果不同意，就要上法院解决。小燕从律师那里了解到，如果上了法庭，孩子很有可能判给前夫。

小燕这次慌了，孩子现在就像自己的命一样重要，也是自己活下去唯一的希望。她决定和小杨好好地谈一谈。两个人来到一间咖啡厅，环境优雅安静。喝完一杯咖啡，小燕的眼泪啪啪地滴在咖啡杯里。她情不自禁地说起与小杨的相识、相恋以及结婚生子的过程，"当时想要个孩子，可医生说我的身体不适合生育，可我还是冒着危险为你生了一个男孩。"

小杨听到这里，眼泪也不住地在眼窝里打转，以往的画面在小燕的诉说中进入他的脑海，他觉得自己对不住这个女人，辜负了她。最后，小杨同意孩子还是交由小燕抚养。

如果小燕不用声情并茂的诉说来拒绝小杨的要求，也许她就争取不到孩子的抚养权了。女人的眼泪是柔弱的，却能直抵对方的心。所以眼泪是女人拒绝别人有利的武器，而且这种武器所释放的力量在某些场合是无可替代的。

既然"眼泪"这种武器如此重要，那么我们女人是否就应该让眼泪肆意横流，每天哭啼个不停呢？当然不是这样了！再美丽的东西，每天一直看也会产生审美疲劳；再值得怜惜的美人，每天一直哭也会让人反感。所以，即使女人用流泪去拒绝别人，也要注意：

**1. 考虑流泪的必要性。**

当拒绝某个人或者某件事时，要考虑是不是值得你去流泪。女人的泪不是什么时候都可以流的，只能用在那些值得我们流泪的人、事上，不然女人的泪就廉价了。

**2. 正如方才提到过的那样，女人的泪一定要真挚。**

只有真挚的泪才能打动人的心。

总之，学会快乐对女人固然重要，在必要时流泪对女人也一样重要。女人的泪如春风一般化解寒冰，如滴水一般穿透磐石。因此，聪明的女人们，学会哭泣吧，会流眼泪的女人会获得幸福的。

# 用对方的"缺陷"来拒绝

在爱情中，大多数人觉得拒绝别人还是委婉些好，为的是"至少我们还可以做朋友"，可是这样的"拒绝"往往最后就成了"暧昧"。我们应该做一个有毅力的女性，时刻坚守住自己的底线，在爱情中做一个认真的人，要相信真爱，追求真爱，而有时候也要懂得拒绝，拒绝别人的爱意。

任何人都有自己的"缺陷"，我们可以利用对方的"缺陷"来加以拒绝，可是当发现对方的"缺陷"后，我们该如何表达出来呢？

张萍大学毕业已经两年了，一直在北京的一所英语辅导学校教书，最近总有一名男同事经常邀请她看电影或是吃晚饭。不用说，这位男同事肯定是喜欢上她了。

张萍对他并没有好感，尽管她已经到了该嫁人的年纪，可是总不能找个自己没有好感的人。他不足一米七的身高，让她很介怀。张萍是一个典型的东北姑娘，身高达到了一米六八，这让两个人站在一起显得很不搭。

一天，这位男同事打来电话，恰逢张萍那天心情不好，张萍没等对方开口便说："以后别再烦我了！你不觉得我们站在一起的时候很别扭吗？"说完她就放下了电话。接下来几天她再也没有见过那位男同事，后来才知道他已经辞职了。

张萍的话伤害到了他，所以他才申请了辞职，去了别的地方。以后每次想起那位男同事，张萍总会心生歉意，后悔自己当初不该把话说得那么直接。

显然，张萍的表达方式是非常不恰当的，每个人都有自己的自尊心，当你将对方的"缺陷"很明了地说出来的时候，的确可以起到拒绝对方的效果，可是这也会使对方的自尊心受到极大的伤害，所以那名男同事选择了辞职，去一个新的地方工作。最终张萍也意识到了自己言语上的过失，可是很难再挽回了。

发现对方的"缺陷"并不难，难的是该用什么方式去拒绝。比如有时，我们对对方的生理条件不太满意，直接向其说明的话，往往会对其构成伤害，所以寻找一种更为妥帖的方式表达出自己的想法是很重要的。

有一次，张小姐因公出差，坐上了开往南京的火车。与张小姐坐在同一排座位上的，是一位看起来挺有涵养，但是比较胖的先生。

过了没多久，这位先生开始主动和张小姐搭讪。张小姐觉得自己一个人干坐着也挺无聊的，于是就和他攀谈起来。刚开始时，这位先生还算规矩，只是谈论乘车时的感受，或者是近期上映的电影。可是，没过多长时间，这位先生突然话题一转，问了一句："你结婚了吗？有男朋友吗？"

张小姐一听这话，就觉得不对劲了，不想再和他继续聊下去。但是，这位先生还是不停地说话，而且越说越离谱。不得已的情况下，张小姐说道："我有男朋友，他高高瘦瘦的，正好是我喜欢的类型。"

看完这个故事，我们不得不佩服张小姐的应变能力。只需要寥寥数语，就表达了对对方的不满，同时又委婉地回答了对方的问题，拒绝了对方的要求，可谓一举三得。

在这个世界上生活，妥协会不可避免地成为我们生活中的一部分，一个人当然要学会作出一些必要的妥协。但是我们不能让妥协成为了生活中的全部，有时候我们需要站出来，说一声"不"。

用对方的"缺陷"来拒绝对方，就好像是用敌人的武器阻挡敌人，当对方知道了自己所存在的"缺陷"是你所在意的时候，自然就不再纠缠了。只是，用对方的"缺陷"来拒绝对方，需要一种合理的表达。如果言语不当，会使对方的内心遭受很大的痛苦，长期处于自己"缺陷"的阴影中，甚至会产生自卑心理。所以我们要善于表达自己的想法，做一个充满智慧的女人。

# 会拒绝的女人
# 不会让别人难受

如果大家看过《乱世佳人》，除了对其中敢爱敢恨的郝思嘉印象深刻外，肯定也不会忘记媚兰。媚兰也是一个令人印象深刻的人物形象。如果说郝思嘉是一团火，热烈、激情，那么媚兰就是水，温柔、怡人。

媚兰始终都那么温柔，连郝思嘉也无法对这个"情敌"恨之入骨，甚至没有办法拒绝媚兰的任何要求。媚兰可以让别人没有任何怨言地答应她的要求，同样的，我们也可以从中领会拒绝他人的技巧，让别人对我们的拒绝不会再感到难受。

林老师是一名高中老师，她为人十分严谨，说话、办事都喜欢直来直去。有一次，林老师收到了一份邀请函。原来，林老师的同事张老师的儿子考上了重点大学，张老师因此邀请同事们一起聚一下。但是，林老师那天因为家里有些事，心情不好，她也不能参加，于是就直接告诉张老师她不去。张老师不知道原因，虽然被林老师这样直接拒绝感到难过，但还是一再盛情相邀。

最后，林老师生气地说："说了不去就不去，你烦不烦？"当时办公室里还有几位老师，张老师顿时感觉很难堪，尴尬地笑了笑就走了。

自此，虽然表面上没什么，但大家还是感觉到这两位老师之间的关系没有以前那么好了。

其实，林老师就是因为不懂得拒绝的技巧，才会与张老师之间产生误会。如果林老师与张老师好好解释下原因，或者是拒绝的时候语气能柔和点儿，态度能好点儿，双方有可能就不会闹得这么僵了。

试想，假如有一天我们满心欢喜地邀请自己的朋友、同事去参加一个活动，为此我们甚至还花费了许多时间和精力去精心准备这次活动，结果对方却直接又生硬地对我们说："NO！"俗话说："泥人还有三分脾气呢。"这个时候，就算是脾气再好的人听到对方毫不留情的拒绝，也会感到非常的难过、愤怒，觉得自己一片真心相待，却得不到回应。

由此及彼，女人在面对一些不能答应的要求而予以拒绝时，一定要注意自己的态度和语气，尽量选择一些舒缓、平和的方式来拒绝别人，这样既不会伤害别人，又可以让自己过得舒心一些。

苏珊女士是一名动物医生，她就十分懂得拒绝别人的智慧。

有一次，一位贵妇人打电话邀请苏珊女士去她家里，说是帮忙看看她家的牧羊犬。但是苏珊女士还在动物医院里坐诊救治其他动物，忙得脱不开身，于是就婉言建议院里的另一位医生去给这位贵妇人的狗看病。这位贵妇人不肯答应，非要苏珊女士亲自来。

其实，医院里都是客户抱着自己的宠物来看病的，但是这位贵妇人的权势很大，所以她才能要求苏珊到她家里去给狗看病。苏珊并不想得罪这位贵妇人，于是说："夫人，是这样的，不是我不想去您家给您的狗治疗，而是我这里刚才来了一只重病的狗，这只狗的病非常严重，我到现在还没有将其完全治愈。而且，我并不十分确定这只狗身上是否携带有其他病菌，我担心去治疗时会把病菌带到您家。"

结果就是，那位贵妇人听到后不仅没有不高兴，还认为苏珊女士是一名真正为顾客考虑的好医生，从此更是对苏珊女士另眼相看了。

苏珊女士的故事告诉我们，我们在拒绝他人时，要让对方明白，我们这样做是为了对方好。这样一来，对方才容易接受我们的拒绝。只要我们懂得拒绝的方法，让别人愉快地接受我们的拒绝也不是一件难事。那么，如何拒绝别人才不至于让别人难受呢？聪明的人女人们会这么去做：

**1.懂得拒绝的女人往往都善于换位思考。**

她们知道要想让别人心甘情愿地接受自己的拒绝，就应该从别人的立场出发，从对方的角度和立场来说服对方，让对方知道她们是为了对方好。

**2.懂得拒绝的女人说话都懂得深思熟虑。**

聪明的女人会在拒绝前就把自己要说的话先在脑子里面演练一遍，然后把自己想象成那个被拒绝的人，想一下自己听到这种回答后的想法和心情。这种做法往往会让女人对即将要说出口的话严肃对待，避免心直口快地说出一些冲动之言。

总之，聪明的女人决不轻率，都会选择比较缓和的拒绝方式，因为她们懂得说话的艺术魅力所在，知道什么时候该用什么样的语气和语言。所以，每个女人在面临自己不喜欢的事情时，不仅要有拒绝的勇气，还要懂得拒绝的方法，使被拒绝的人"尽兴而来，满意而归"。

# "拖"，
# 拒绝别人的有效方式之一

经常听到一些长者告诫年轻人不要偷懒，说："有什么事情就赶紧做，不要一直往后拖。"古语也说："今日事，今日毕。"虽然做事往后拖确实不好，然而有些事却恰恰需要"拖"，那样才不至于给自己和别人带来更大的伤害，比如"拒绝别人"。

我们有权利选择自己喜欢的，也有权利拒绝自己不喜欢的。然而，天生的"妇人之仁"让一些女人没有办法直截了当地拒绝别人的请求、要求，即使勉强自己也要答应别人。这样做是在让自己委曲求全。此时，"拖"无疑是拒绝别人的一个好办法。

洋洋和她的男朋友因为工作的原因，两地分居有半年了。洋洋的男朋友终于提出要求，希望洋洋放弃现在的工作，到他的城市去。

洋洋非常喜欢目前这份工作，而且也很努力，公司上下的人都非常喜欢她，甚至老板暗示她再过一段就晋升她的职位。因此，洋洋并不舍得现在好不容易打拼出来的一切，不想辞职。

她没有办法直接告诉自己的男朋友，没有做出正面回答，而是说"再看看吧""我再想想"之类的话，一直拖着不给予答复。这样拖了2个月，洋洋的男朋友也看出来了，后来就没有再强求了。

试想一下，如果洋洋直接说出"我不同意，我不想去"的话，她的男朋友肯定会感到难过，认为洋洋不在乎他们之间的感情，二人说不定还会因此而引发争吵。幸而洋洋并没有那么说，只是通过不正面回答的消极态度来告诉男友自己的想法，避免了争吵的发生。

直接拒绝和委婉拒绝所产生的效果是不一样的，我们有时候需要直着来，有时候却需要绕个弯，那样才能达到更加有效的作用。试想，如果是我们希望别人跟我们一起去做某事或者是自己有事需要别人的帮助，但是当我们提出要求时，对方却一口回绝，冷冰冰地对我们说了"不！"，听到这种回答的我们是怎么样的心情呢？

虽然大多数人在很多时候都喜欢跟痛快的人打交道，不过在拒绝别人的时候，懂得说话、办事的女人会绕个圈子来，不仅会把对别人的伤害降到最低，不会让对方感到难堪和伤心，还有助于增进彼此的关系。

星星的一个朋友计划开一家美甲店，但是资金不够，就找上星星，希望星星能够出一笔钱做投资。但是，星星经过了解，发现朋友的计划不合理，因为附近的美甲店太多，而且朋友也没有什么好的美甲师，于是星星就想拒绝朋友。

但是，星星担心会影响到彼此之间的友谊，不知道该怎么说，于是就拖着，迟迟不给答案。另一方面，星星又总结了其他美甲店的发展情况告诉了朋友，并认真分析了一下这个计划，最终打消了朋友的想法，和朋友开了一家咖啡馆。星星这样做，不仅没有让朋友感到难过，反而还感到很庆幸。

试想，如果星星直接拒绝朋友的提议，并说出朋友方案的不合理性，肯定会让朋友生气，甚至会认为星星是出于嫉妒，"不想帮助自己"，二人的关系很有可能因此破裂。由此可知，我们在拖着不给对方准确的回答时，可以先对对方的提议和建议给出认可的意见，然后再说出这个意见如今不能得以实现的原因是什么。

我们在世行走这么多年，别人肯定也拒绝过我们，我们都明白这种被拒绝的滋味并不好受。无论对方当时找的理由有多好，无论对方话说得多好听，我们还是没有办法掩盖心里的失望，由此及彼，我们在拒绝别人时，应该逐条地、认真地、诚恳地讲出自己的想法和考虑，别人肯定也会理解我们。

拒绝是一门艺术和学问，我们只有经过不断学习，才能够学会这门学问，才能够在让自己轻松生活的基础上也让别人生活得快乐。拒绝别人的时候，可以使用"拖"字诀，这会让自己的拒绝大大减少"杀伤力"，也会让女人显得更有人情味。

# 狠狠心，
# 其实拒绝也不难

对于女人来讲，学会拒绝别人是非常必要的，毕竟女性是社会中传统意义上的弱势群体，更需要通过说"不"来达到自我保护的目的。有时候我们会觉得拒绝别人是一种不近人情的表现，所以更多的时候我们会选择迁就，结果却是方便了别人，为难了自己。

女人如花，随着时光的推移而慢慢枯萎。既然我们来到这个世上，既然我们的一生如此短暂，为什么不让自己按照自己的意念去生活呢？你不要忘记人是以个体的形式存在的，在与周边的人发生联系的同时，我们更应该注重塑造和经营自己。当有些东西违反我们意愿的时候，我们应该鼓起勇气去拒绝，有时候拒绝他人就是善待自己。

张爱玲是一位在华人世界中很有影响力的作家，可是她的感情世界却并不圆满。1944年，张爱玲与胡兰成相识了，两人情投意合，很快就确定了恋人的关系。在张爱玲看来，胡兰成举止优雅，很有绅士风度，不久便同他结婚了。

可是婚后的胡兰成却让她大失所望，原来胡兰成竟是一个感情不专的人，和多名女子都发生了关系。张爱玲伤心欲绝，不敢相信这就是让她曾经魂牵梦绕的胡兰成。尽管这样，张爱玲还是爱着自己的丈夫的，在丈夫生活上窘迫的时候，她还会寄钱给他，可是就算这样也没有挽回丈夫的心。

几年之后，胡兰成又想起了张爱玲，想要尽力挽回这段感情，等他把自己的想法告诉了张爱玲后，张爱玲却拒绝了他。两人的这段感情就这样走到了终点。

张爱玲拒绝同自己相爱过的丈夫和好，知道这样的感情即使挽救回来，也已经褪去了最初的颜色。她拒绝了胡兰成，也表达出这么多年来自己所受的痛楚。胡兰成无法否认这些年的确冷落了妻子。他只能尊重妻子的意愿。

女人要敢于拒绝，不仅在感情层面上如此，在日常的职场工作中也该如此。现如今，女性真正成了"半边天"，发挥着越来越重要的作用。但是男性与女性之间终究是有差别的，至少男性与女性之间在生理上就存在着某种意义上的"不平等"。女性当然要有一种"巾帼不让须眉"的气势，但是有的时候也要懂得爱惜自己，拒绝那些在自己能力之外的事。

王颖是一名阿拉伯语专业的硕士毕业生，毕业之后在天津的一家公司从事贸易工作，由于专业对口，所以她对自己的工作很满意。工作中的她积极认真，鉴于她的良好表现，不到半年公司经理就给她把工资涨了一倍。

一天经理给外贸部的职员们开会时公布了一条消息，说公司要派几名有阿拉伯语背景的几名职员去沙特工作半年，以便开拓公司在那里的市场，而王颖就是其中的一位。这名经理并不了解阿拉伯国家的文化背景，不知道女性在那里工作会有许多的不方便，所以王颖并不想去。在经理询问有什么意见时，王颖站起来说："不好意思，我有恐飞症，不知道公司还能不能考虑下其他人选。"经理听了后，便调换了另一名男同事替她去沙特出差。

王颖果断地拒绝了自己不方便做的工作，但如果她当众说出自己不去的真正原因是什么的话，便就变相地暴露了经理对于当地文化的不了解，这可能就会让经理感到很尴尬，所以她给自己找了一个很好的理由，说自己对于坐飞机很恐惧，而飞机又是唯一前往沙特的交通方式，所以最终公司还是改变了决定，改派别人前往。试想一下，如果王颖不拒绝公司的安排，到了阿拉伯世界后，自己连正常出门都会引起别人的异样眼光，那么她又如何能把工作做好呢？她及早地拒绝是一种很明智的选择。

我们在这个世界上并不是作为一个服从者而存在的，人生短暂而又急促，作为女人应该学会给自己打造出一片专属的空间，来更好地享受生活，感受阳光。做人或者做事，每个人都不可能面面俱到，每个人都有拒绝的权力。

女人要敢于拒绝，要有说"不"的决心。我们要明确自己究竟想要什么，不能过得浑浑噩噩，得过且过，遇事总是唯唯诺诺，没有自己的一点主见。女人生来并不是为了依附于他人，女人如花，应该活出一种别样的味道。

# 善解人意，
# 温言巧语拒绝他人

男人在拒绝别人时，总喜欢直截了当，因为他们坚信"长痛不如短痛"，这样直接告诉对方比一直干耗着好；然而，女人却恰恰相反，即使真的不喜欢某件事或者是没有办法答应某件事时，通常都不忍心告诉对方，怕对方伤心难过。

其实，在生活中总有些聪明又善解人意的女人，她们非常精通说话的奥妙，懂得语言的神奇魅力所在。对于不喜欢的事物，她们会加以拒绝，但是拒绝得比较婉转，更容易让对方接受。

有个人花钱大手大脚，经常会买一些家里用不到或者是已经有了的东西，他还为此洋洋自得，认为自己是一个爱家的好男人。他的妻子说过他多次，但这个人都不为所动，甚至还和妻子争吵，认为妻子管得太严。他的妻子为此苦恼不已。

后来，他的妻子就发现：如果跟丈夫直接说"你不要再买……了"、"我不喜欢你这样做"等话的时候，丈夫会特别反感，甚至会说："你不喜欢，我喜欢就行了。"所以，他的妻子就学会了换个角度来说，却起到了意想不到的效果。

这一次，丈夫看到一只可爱的小狗，就对妻子说："它们太可爱了，我们带一只回家吧？"但是家里已经有两只猫咪了，而且妻子知道，丈夫只负责把狗带回家，却不会照顾它们。于是，妻子对丈夫说："这只小狗很可爱，我也同意把它带回家。这样的话，我们家有狗有猫，狗追逐猫，猫躲避狗，多热闹呀！"妻子一说完，就看到丈夫露出了吃惊的表情，然后他打消了买狗的念头。

故事中的这位妻子就非常懂得如何拒绝丈夫的不合理要求，她不会明明白白地拒绝，而是表面上假装同意，实际上却告诉丈夫这样做有可能带来的"后果"。这样一来，丈夫就清晰地认识到自己是错的了。

每个人都有自己的想法，也希望自己提出的建议能够被别人采纳。如果女人太过心直口快地拒绝，就难免让对方感到不愉快。而且，一个人拒绝的态度，很有可能决定了此次拒绝的结果。因为人人都喜欢和态度温和有礼的人打交道，即使得不到对方的认同、帮助，也希望自己能够得到尊重和以礼相待，这样的话，即使是被拒绝，也不会觉得有多难受，反而会因为对方的彬彬有礼而理解对方的难处。

一位老客户给市场部的经理吴女士打电话，希望吴女士能把自己的进货价再降低几个百分点。这让吴女士感到非常为难，因为给这位客户的进价已经比较低了，再降的话公司老板或许不会同意。但是，这位老客户不仅跟公司的合作时间最长，而且也能为公司带来很大的利益，如果直接拒绝，说不定会让客户不高兴。

于是，吴女士马上跟公司上层进行沟通，最后公司给出的答案是：不能再降价，但是可以给予其他方面的福利和优惠，总之是一定要把这位客户留住。吴女士收到指示后，邀请这位客户进行面谈。

吴女士见到这位客户后，并没有直接就商谈货品的进价，而是先询问了对方公司的发展情况和市场前景，然后由其他公司的价格转到自己公司上来，非常诚恳地说："张先生，说实话，我们给您的价格可以说是这个行业里的最低价，我相信您也有所了解。我们是合作多年的老朋友了，按理说您提出的要求我们都会尽量满足的，但是这个价格实在是太低了，请恕我们难以答应您的要求。不过，为了大家的发展，我们公司决定在配货时给予您公司一个季度的免费配送，您看怎么样？"

这样委婉、诚恳的说辞不仅没有让张先生感到不满，反而让彼此之间的联系更加紧密了。

如果吴女士没有询问上层的意见，而是直接回绝张先生的要求，很有可能会因为说话不当而得罪张先生，从而失去这位大客户。所以，我们在拒绝别人时，一定要慎重对待，以免在无形中得罪他人而不自知。那么，懂得说话的女人在拒绝别人时一般都会怎么说才不会让对方感到难以接受呢？

**1.拒绝别人时，态度要和善。**

不消说，被拒绝的人本来就是受伤害的一方，不管是什么原因，我们在拒绝别人时就算找的借口再合理、说辞再漂亮，对方也难免感到失望、难过、遗憾。如果用温和的态度，则会让冰冷的拒绝适当回温，可以缓解彼此之间的关系，使拒绝变得温馨一些。

**2.拒绝对方并不等于是把对方拉入"黑名单"。**

有些女人不会拒绝别人，在拒绝时不仅表情僵硬，而且说话也难听，好像对方跟她有什么深仇似的。女人们应该记住：之所以拒绝别人，只是因为当时无法满足对方的需要，而不是与对方有什么深仇大恨。所以，我们应该时刻保持有礼、和善。

值得注意的是，和善不等于谄媚。有些女人觉得拒绝对方，让对方受到了伤害，感觉就像是欠了对方什么东西一样，会不自觉地照顾对方的感受，甚至不惜放低自己的身价，低三下四迎合对方。如果一次拒绝就让我们变成了这样，那还不如不要拒绝。

【第八章】
# 会说话的女人能
# 轻松化解尴尬

尴尬，是我们每个人都可能会遭遇到的事情。有人遇到尴尬时，会紧张、羞愧，会不知所以，甚至会掩面而逃；有的人却能直面这些尴尬，以"厚脸皮"来维护自己的尊严；而只有懂得说话的女人，才能用三言两语来化解尴尬，以打太极的方式让自己从中解脱出来。

# 为别人打圆场的女人最贴心

当人们由于一时的糊涂或不小心，而让自己或别人陷入一种尴尬的境地时，心里肯定会感到非常难堪、紧张，甚至会紧张到忘记了如何说话、办事，恨不得有条缝儿能让自己钻进去。所以，这时如果有人肯主动出来帮忙解围，当事人必然心生感激。

一家服装公司因为产品出了质量问题，有很多经销商堵在公司门口，希望能找到经理要个说法。当地记者知道这件事后，也纷纷到该公司进行采访。大家都被堵在公司门口，谁也进不去。

后来，正巧经理秘书丁晓云路过此地，被别人认了出来，于是记者和经销商就向她询问情况。丁晓云害怕自己承担责任，正打算让记者们去找经理时，突然想到：这是一个机会，一个展现自己的最佳时机！她得挺身而出，维护领导的面子和威信。

于是，丁晓云转变了主意，邀请了几位记者和经销商代表来公司面谈，并对他们说："发生这样的事情，我们公司真的感到很抱歉！我们领导非常重视，已经去下面的工厂寻找事故原因和补救措施了，好几天都没有回过公司了。请大家放心，一旦有结果，我们领导肯定会给大家一个说法的。"

这件事后来得到了很好的控制，丁晓云也维护了自家领导的面子和公司的荣誉。虽然事后领导明面上并没有说什么，但是领导心中有数，不久之后，"护驾有功"的丁晓云成为了公关部的经理。这件事值得我们深思，如果当时丁晓云因怕担责任或没有眼色，让记者们直接去找领导了，肯定会让领导感到很尴尬，那么领导肯定会迁怒于丁晓云，说不定一怒之下就把丁晓云辞退。

所以，遇到类似的情况，不管与我们是否有关，如果我们能帮别人一把，就不要退缩，因为不知道什么时候我们就会需要别人的帮助。当然，我们在帮助别人打圆场时，也要注意一个问题，就是要做到不偏不倚，要让双方都觉得我们没有任何的偏向。否则，我们的圆场恐怕就是火上浇油，还不如不说。

章女士是一家川菜馆的老板。一次，一位中年妇女点了一个自己爱吃的辣子鸡丁。可是，由于菜比较辣，又有些烫，这位女士呛着了嗓子，大声地咳嗽了一下。结果，对面的顾客火了，"呼"地站了起来吼道："你怎么回事？吐了我一脸，我还要不要吃饭了？"

中年妇女也被自己的不雅之举惊呆了，赶紧向对方赔礼道歉。待自己缓过神来后，又马上对着老板章女士喊道："你们的辣椒怎么这么辣？我明明说过少放辣椒的，你干吗还放这么多辣椒？"章女士听后马上询问伙计，伙计很委屈，说他并没有放多少辣椒。

不过，章女士还是赶紧打圆场，对着厨房大手一挥："算啦！再重新给这两位顾客炒个菜，钞票都免啦！"顾客这才平静下来，表示接受。

女人们一定要记住，不管我们怎么做，最终目的是消弭怨气，而不是让气氛越来越尴尬。所以，虽然化解尴尬、怒气的方法有千百种，但是具体选择用什么方法为别人打圆场是因人而异的，也要视当时的具体情境而定。

**1.转移话题。**

女人都有所谓的"第六感觉"，这是因为人们都有趋利避害的本能，所以，当尴尬的话题出现在彼此中间时，感觉灵敏的女人肯定会在第一时间就会感受到。这时，如果是由于女人说话不当造成的，就应该及时住口，并试着改说一些轻松愉悦的话题，但是不要转移得太生硬；如果是对方引起的尴尬，女人就应该大度一点，不要计较对方的一时口误，同时也可以试着转移话题，扭转这种尴尬的局面。

**2.给予正面、精彩的回击。**

如果女人们碰到别人故意的挑衅，这时候就不是转移话题这么简单了，因为这样做只会让对方更加得意，显示自己比较懦弱。最正确的做法就是给予对方正面的回击，在保全自己尊严的前提下，又能灭对方的威风，让对方"搬起石头砸自己的脚"，有口难言。

**3.用温婉的语气来化解怒气。**

面对别人的怒火、有心刁难，无论当时的争吵有多激烈、气氛有多尴尬，聪明的女人在打圆场时，都会注意自己的语气和措辞，尽量让自己说出口的话是一个灭火器，而不是导火索，或者是加大火势的汽油。

总之，每个人都有自己的"雷区"，懂得说话的女人在说话时会尽量避免触及这些话题。同时，还有一些自以为是的女人认为自己做过准备就万事大吉了，觉得自己可以随意谈论话题了。无论何时，聪慧的女人在开口前都会把要说的话在脑子里过一遍，以免徒增悔恨。

# 借助别人的嘴，
# 让自己"贵"气逼人

女人很有语言天赋，比如一些知名的女性作家，她们文笔上的细腻和逻辑上的严密是一般男作家所不能及的。张爱玲、王安忆、严歌苓等作家，她们笔下流淌的感情、文辞的优美，都给读者带来了不一样的感受。

文字与我们口中说的话同样都属于语言的范畴，既然我们能够写下那么优美的文字，当然也可以说出优美的话来。可是在我们传统的观念里，女性应当尽量少言事，因为女性说话没有分寸，容易引来一些麻烦。这些看法带有很大的偏见，但也确有一定的原因，在中国的封建社会，一般的女性接收不到文化知识的熏陶，而且因长期待字闺中，断绝了与外面世界的联系。在这样的情况下，女性的谈吐难免就有所局限。

但是现在，我们有幸生活在了一个开化的年代，女性的受教育程度相对于男性来说有过之而无不及，女人在这个社会中也已经有了很高的话语权。女性可以走出家门，参与各式各样的社会活动。

现在的问题是，我们都会说话，却大多又不善于说话。但这个世上总会存在一些智慧的女人，她们或是谈吐优雅，或是言语从容，或是懂得借助别人的嘴来"说"，时刻都在显示自己的聪慧和高贵。

1936年，震惊世界的西安事变发生了，张学良和杨虎城将蒋介石扣押在了西安，形势非常危急，内战极有可能一触即发。张、杨二人承受着巨大的压力，对于这场事变，中国当时的各种政治势力均纷纷表态，支持他们的人很多，但是反对他们的人也是不少的。

在这种情况下，由于宋庆龄国母的特殊身份，并且在国共两党中她都具有很高的声望，所以宋庆龄的表态就显得很重要了。所有人都想知道她对这件事的态度，这让她很为难。在国家的层面上，她是支持张学良的行为的，但是在家庭的层面上考虑，自己总不能发表声明支持张、杨二人扣押自己的妹夫呀。

很快，孔祥熙前往她的住宅，请她签一份声讨张、杨二人的声明。孔祥熙不是外人，他是自己的姐夫。她拒绝签字，但也向其说出了因由："张学良做得对，要是我处在他的地位，我也会这样做，甚至还会走得更远！尽管在私人感情上我是同情他的。"孔祥熙听了他这样的表态后，也就没有再勉强，在他回来之后，很好地向舆论传播了宋庆龄对于西安事变的态度，并且说她在私人感情上是很同情的。

宋庆龄在不方便向公众表达自己对于西安事变的态度时，找到了一个可以替她公布自己态度的人，这个人就是姐姐宋霭龄的丈夫孔祥熙，可以把自己心里的想法说给他。作为自己的姐夫，孔祥熙当然会为她在外界做一个适当的表达，并且孔祥熙在国民党政府中具有很高的地位，由他替"国母"表态当然是再恰当不过的了。

有时候，女人并不必刻意地去表达自己，只需要把自己应该做的事情做好，用行动去证明自己就可以了。只要我们有能力做一个善良的女人、一个细致的女人、一个令人敬佩的女人，那么别人的嘴自然会为你所用。

去年薛丽到了一家公司做销售主管，她做事认真，从不徇私情，公司的员工无论是谁违反了公司的规章，都会受到她的严肃处理。大家在背后对她议论纷纷，说难怪她三十岁了才找到对象。

对于公司里员工对她的看法，薛丽当然能够感觉到，她没有向大家去解释，而是依然按照自己的行事风格办事。但是，每天早上来公司上班的时候，她都会和见到的每一位员工说一句"早上好"，并且脸上还会露出很轻松的微笑。久而久之，她的这一句"早上好"和脸上的微笑感化了每一个员工，议论、非难她的人渐渐少了，大家开始夸奖她为人真诚。最终，薛丽得到了所有人的认可。

面对着别人对自己的非议，薛丽并没有急着为自己辩解，而是以更为真诚的态度对待每一个员工，只是简单的一句"早上好"便让她与员工之间的那层隔膜逐渐地消除了。她用这样的方式赢得了员工们的"嘴"，员工们不仅不再议论她了，还纷纷夸奖她为人真诚、性情和善。

由此可知，借用别人的嘴来说，是一种智慧的交流方式。有的时候，有些话可能不太适宜由自己亲口说出，那么最好的方法就是设法让别人替自己表达出来，哪怕没有起到我们预想中的效果，也不会对我们的生活和工作产生太大影响，我们依然可以从容地生活。

但是，有一点值得女人们注意：我们应该明确，别人的帮助只能起到一个辅助的作用，解决问题的关键还在于自己。所以，聪明的女人只会借助别人的嘴来帮助自己解决问题，而不是把自己面对的困难转交给其他人。因为她们知道，如果女人丢失了主见，那么纵有千百张嘴的帮助，也无济于事。

# 聪明女人
# 会用语言来化解尴尬

我们看一出戏，会发现在戏里面有平淡和高潮，有欢乐和泪水，有风光和难堪……戏如人生，我们日常的生活也是如此。当我们悲伤、难过的时候，我们会找自己的好朋友一起聊天、逛街，排解自己的郁闷；当我们高兴的时候，也会与自己亲近的人分享；但是，当遭遇尴尬的情况时，我们又会怎么做呢？

大部分人在遇到尴尬的情况时都会选择逃避，或者是恼羞成怒。不恰当的做法，会让自己陷入更深的尴尬中，会让自己更加难堪。面对这种情况，机智聪明的女人会怎么做呢？用或幽默、或睿智的语言，来化解尴尬。

著名的电视节目主持人王小丫有过这样的一次经历。在一场全国性的律师辩论大赛中，王小丫前去采访一位著名的大律师。走到他跟前，王小丫很自然地坐了下去，没想到椅子没放好，"噌"的一下，她一屁股坐到了地上，全场哄堂大笑。

令人尴尬的是，王小丫要采访的那位大律师也不伸手去扶她一把，只是在她的旁边哈哈大笑，还笑得最响。没办法，王小丫只好忍着尴尬，自己爬了起来，还对着观众朋友调侃着说："我摔得真是太不漂亮了，下次再摔倒时我一定要注意姿势，像个舞蹈家一样优雅。"说完，就若无其事地笑着，开始了她的采访，而观众们也很快地把注意力转回到了访谈上。

王小丫在全国性的辩论比赛中摔倒，就相当于是在全国的观众面前出丑。要是其他心理素质比较弱的人肯定就愣在了那里，说不定还会影响到后来的采访，但是王小丫没有。她不仅能够勇敢地站起来继续采访，还能幽默地来为自己排除尴尬，这不仅表现了她强大的自信心，也说明王小丫是一个非常机智的主持人。

我们在日常生活中，是否也陷入过像王小丫这样的窘境呢？其实，生活就是这样，有喝彩，也有低潮。但是无论怎样，面对尴尬和窘况，我们女人也要学会微笑地、平静地面对。

当然，女人不仅要懂得化解自己的尴尬，还要学会为别人解除尴尬。有些人认为别人的尴尬与自己无关，所以为什么要帮别人呢？"赠人玫瑰，手留余香"，有时候我们帮助别人就是在帮助自己。所以，每当别人或我们自己面对尴尬时，最明智的做法就是立即开动大脑，想办法弥补自己或对方的过错，让这些尴尬消弭于无形。

有一次，晓燕的高中同学们发起了一次聚会。那天，好多同学都来了，还有的已经结婚了，带着自己的妻子和孩子。由于大家是多年不见了，同学们的情绪都比较兴奋，喝了很多酒，到最后大家都有些醉了，就纷纷说起大家在学生年代的糗事。

说着说着，就说到了阿伟的身上。有一个还是单身的同学说道："阿伟那时候在学校非常受欢迎。他不仅人长得帅，成绩又好，整天追他的姑娘都排成一个连了。阿伟你可真让我们这些兄弟羡慕嫉妒恨呐！"

阿伟这次是带着妻子一起来的，就尴尬地笑着说："哪有！是你们夸张了。"但是，那个男同学压根就没有听出来，还在一个劲儿地说着阿伟当年的"风流韵事"，说得阿伟越来越尴尬，他妻子的脸色也有些难看了。

晓燕看到后，就急忙出来打圆场，对着那位男同学说："你高中就嫉妒阿伟成绩好，现在看到人家阿伟娶了一个如花似玉的老婆，就在这挑拨离间。可惜啊，嫂子和阿伟情比金坚，根本就不怕你这雕虫小技。"

晓燕的这一番话，让那位男同学转而把话题说到了她身上。晓燕看到，阿伟对她露出了感激的笑容。

或许那位男同学说的话是事实，但是这个"事实"对如今已经成家的阿伟来说只能带来祸端，让如今已经成熟的阿伟为当年的年幼无知而感到羞愧。这个时候，晓燕的一番充满调侃的机智话语，轻松地帮阿伟化解了尴尬。

我们在世生存都不容易，谁都有可能面临着尴尬和难堪，这个时候他人的伸手相帮会让人特别感动。那么，女人在面对尴尬事情的时候，应该如何说话呢？

**1. 根据当时的情况，选择不同的说话方式。**

人们想到，幽默是化解尴尬的一种方式。可是在有些比较庄严、严肃的场合，并不适于采取这种方式，这时聪明的女人就会选择睿智的语言巧妙绕开这个困境，或者是用真诚的语言感化对方。此外，女人在运用幽默化解尴尬时也要慎重，别化解气氛不成反而让彼此更尴尬。

**2. 化解尴尬不是以牺牲别人为基础。**

当我们面对尴尬时，肯定会十分紧张、慌张，会不知所措，甚至为了掩饰自己的窘迫，有可能会说出、做出一些伤害别人的事情。这是不对的。所以，女人应该记住：不能为了化解尴尬就肆意中伤别人，那样只会让人不齿。

# 面对无理取闹，
# 要懂得以柔克刚

水滴可以穿石，"柔"常常具有强大的能量。说话也是一样的道理。生活中，我们有时会碰到一些态度强硬的人，当面对他们时，我们是以硬碰硬？还是以柔克刚？以柔克刚明显要明智许多。虽然以硬碰硬不见得就会输，但是一定需要花费更多的口舌和精力。

女人的本性是温柔善良的，是柔软的，所以作为女人，一定要善于运用自身的这项优点，当面对他人的刁难，或是无理取闹时，应该选择对自己最有利的方法，学会用温柔化干戈为玉帛。

利芬是一家商场的营业员。有一次，她接待了一位衣着鲜亮的女顾客，这名女顾客挑选东西十分挑剔，左看看右摸摸，足足用了十几分钟还没有选定。这个时候，又有一个顾客进门，其他的营业员都在忙碌，利芬见此情景，就去接待新的顾客去了。

这样一来，那位先前的女顾客就不乐意了，她的脸往下一拉，就冲着利芬大声喊道："你这是什么服务态度啊？总得有个先来后到吧，我这还没选好呢，你怎么能扔下我不管呢！"听到这没来由的指责，利芬的气就不打一处来，但是作为一名服务人员，又不能因此与顾客发生争吵，她就深吸一口气，压住火气对那名女顾客说："请您原谅，我们店生意忙，对您服务不周到，让您久等了，刚才我的服务态度不好，欢迎您多提宝贵意见。"

这话说得毫无破绽，那名女顾客也挑不出什么理来，反倒觉得自己刚才的行为有些过分了，脸也因此变红了。

在这个案例中，我们可以看出，既然对方已经大发雷霆、横加指责了，那么必定有她自以为正确的理由，假如与她据理力争，一定会闹得"硝烟四起"。如果不想让对方滔滔不绝地说下去，最好的办法就是浇灭对方的火，让对方无火可发。

所以，当他人无理取闹的时候，一个优雅的女人不是和对方斤斤计较，而是"以柔克刚"，用温和的方法消解对方的火气，使对方失去发火的理由和动力，这样自然可终止不必要的麻烦。这也就是"四两拨千斤"之法。

《墨子·贵义》有这样一句话："以其言非吾言者，是犹以卵投石也，尽天下之卵，其石犹是也，不可毁也。"这句话是什么意思呢？用他的言论来驳斥我的言论，就好像是用鸡蛋来碰石头，把这世界上的鸡蛋都碰完，石头也还是原来的石头，不会被摧毁。所以，千万不要和那些处在气头上或者不讲道理的人争论，因为这就像是"以卵击石"。对方认定了一个想法，倔强得很，顽固得很，与其再做争辩也是无益。

雯雯原来是超市里一个普通的化妆品销售员，虽然销售的工作不好做，但在超市中工作总比那些在外面风吹日晒中奔波的人要轻松一些，更何况这里的待遇也不错，每月自己的销售提成都会高过基本工资。

有一天，一名中年的女子走到了柜台前，从包里取出了一瓶打开过的洗面奶，说产品存在质量问题，要求雯雯给她退换。雯雯仔细检查了这瓶洗面奶，发现瓶内的乳状物的确在色泽上有些异常，于是答应了她。出于店内的规定，退换商品时一定要出示发票，但是当雯雯让她出示发票的时候，这位女子却说发票已经遗失，所以雯雯就拒绝了给她退换。

这位女子很不理解，认为雯雯的工作态度有问题，既然是在这里买的次品，哪有不退换的道理？一气之下，竟然出口大骂，引来了众多人前来围观，以为这样就可以让雯雯给她退换。当有好心人劝解雯雯不要与之发生争吵的时候，雯雯却很平静地说："怎么会呢？我只是按照超市的规定做事，她骂的不是我，而是这一条规定。"

雯雯没有因为中年妇女的破口大骂而失去理智。如果她没有控制住自己，当场与消费者发生了争执，那么大多数人同情的想必是这个消费者。因为消费者是人们观念中的弱势群体。但是雯雯面对着中年妇女的辱骂，始终不动声色，并说自己只是按照规定办事，那么在现场围观的人看来，中年妇女未免就有些胡搅蛮缠、无理取闹了。

可以看出，"硬碰硬"是处理这类事情的大忌。因此，当面对他人的指责和刁难时，当面对他人没有缘由的愤怒时，最好不要以硬碰硬。如果不懂得让步，那么必然会激起对方更大的怒火，反而不利于事情的解决。

所以，在处理这类事件的时候，一定要学会压制心中的怒火，顺从一下对方的指责，给对方一个台阶下。如果我们能够言之有理，让对方的指责站不住脚，对方也一定会顺从我们的意见的。

# 懂得说话的女人
# 不会让别人下不来台

在饭馆吃饭时，见到一对这样的情侣：女生一直在抱怨男生，因为他只顾着打游戏而没有买上火车票。她大声斥责他，弄得整个饭馆的人都扭头看，而那个男生在别人的注视下，脸越来越红，结结巴巴不知道说什么，最后恼羞成怒地说了一句"分手"。

虽然女人大都喜欢较真，凡事都喜欢追究到底，但也不能抓住别人的一点儿过错就不放手。如果女人总和对方针锋相对，让对方下不了台，这样就显得不近情理了。所以，聪明的女人在面对这些问题时，会注意自己的措辞，尽量在危害最小的范围内让别人意识到自己的错误，又不会让他失了面子。

高女士家里有两个女儿，大女儿名字叫秦园，在大学里找了个很谈得来的男朋友，两人的感情也很好，所以毕业之后秦园就把男朋友赵凯领回了家。高女士见了赵凯后对他印象很好，小伙子长得英俊潇洒，还在银行找了一份不错的工作。

未来的女婿第一次来，高女士当然准备了一桌子的菜来招待。在吃饭的时候，高女士问赵凯的住宿情况。赵凯告诉她，他在附近的城中村租了间房子，高女士听后说："总不能一直租下去吧。"

说完她便后悔了，其实她也没有什么别的意思，不过在这样的场合说这句话不合适，就像在抱怨人家没房子似的。这句话弄得赵凯很尴尬，不知道该怎么回答。于是高女士接着说："我听说那里要拆迁了，还是趁早换个地方吧。"高女士说完这句话，尴尬的气氛也就消除了。

高女士很聪明地为赵凯化解了窘境，而且还显示出了自己对他的关心。倘若高女士没有说那句让他换个地方租房的话，整场饭局赵凯可能都会纠结于自己没有房子的现实之中。这个年轻人的自尊心可能会受到很大打击。高女士及时认识到了这点，认识到自己的话可能会让这个小伙子下不了台，所以很快做出了恰当的反应，缓和了当时的气氛。

我们同别人的交流中，一定要避免将对方逼上绝路，下不了台，要做个会说话的女人，不能让别人感到"不舒服"。除此之外，我们还要善于观察，当别人出现窘境的时候，要尽量帮助去化解，救人于"水火"。

著名的青年音乐家郎朗应邀出席过一次颁奖晚会，并且因为自己在音乐领域的成就，他成了众多的获奖嘉宾中唯一的一位80后，激动的心情我们就可想而知了。

可是令他没有想到的是，他被现场一位同是来自东北的嘉宾问了一个问题："我说的英语带有东北味儿，你弹得钢琴曲有吗？"这把郎朗可为难住了，他弹得钢琴曲当然没有东北味儿，可是自己总不能直接回答没有吧。正当他不知如何回答的时候，主持人杨澜开口了："让郎朗弹一曲不就知道了。"

简单一句话，就很好地为郎朗解了围，杨澜的机智受到了现场观众和嘉宾的称赞。

作为一名音乐家，郎朗的语言表达能力肯定不能与现场那些常年混迹于娱乐界的其他嘉宾相比，那位嘉宾可能也没有什么恶意，只是友善地调侃而已，但是这让郎朗在众人面前险些出了丑，他不知该如何去应对。而杨澜作为一名有着多年主持经验的主持人意识到了这点，所以就四两拨千斤，用一句话帮人解了围。

一个睿智、优雅的女人，应该有自控能力，能在谈话中很好地把握说话的用词和语气。另外，还应该注意给对方留下空间，避免与对方出现针锋相对的场面；还需要在他人下不来台的时候上前伸手"扶"一把，这也是一个智慧的女人所应该有的风度。

# 学会随机应变，
# 寻求可喜转机

生活中，我们会遇到很多尴尬情形，比如恶作剧者一句无心的刁难，公众场合一个始料不及的不雅动作，和朋友喋喋不休而又无法化解的争论……这时候，懂得说话的女人用几句话就会解除危机，显示出她的优雅与智慧。

如果一个女人能够及时、从容地应对突来的意外状况，恰如其分地将尴尬消弭，使别人和自己不至于陷入尴尬之境，那么她一定能赢得大家的喜爱。

王晓颜已经快到家了，她的老公张科在厨房急得头上直冒冷汗，正笨手笨脚地处理现场。他本来想在老婆生日的时候，为她做一桌拿手好菜，好好地表现一回，慰劳慰劳平日里持家有功、工作辛苦的老婆。但是他把饭烧煳了。老婆会怎么说他？

他还没料理完，王晓颜就准时地进了家门。她一进门自然就闻到一股焦煳味，再看一眼那惊慌失措的老公，一下就明白发生了什么。她没有恼怒的神情，也没有"恨铁不成钢"的无奈，而是上前温柔地帮老公放下手中的厨具，带着笑意说："煳了没关系，我们正好可以出去吃个烛光晚餐。老公没意见吧？"

张科正不知如何是好，这时听老婆这么说，便迅速打了个立正："是，遵命！"

一个人犯了无心之失，他首先需要的是宽容和谅解，而不是责怪和嗔怒。王晓颜没有选择"得理不饶人，痛打落水狗"，而是将错就错，"反正饭是吃不上了，不如出去吃"，此话不仅化解了老公的尴尬，还巧妙地避免了一场"战争"的发生。由此可见，聪明的女人在处理突发的尴尬事件时，一定要学会随机应变，给对方留足面子。给别人留台阶下，也是在给自己留后路。

"将错就错"是一种处理尴尬事件的极好方法，"借题发挥"同样也是。善于借题发挥者，能巧妙地运用当时的场景，将其嫁接到自己想要表达的意旨中。

台湾著名广播及电视主持人于美人曾多年蝉联"最受欢迎的广播主持人"，她之所以广受各界观众欢迎，是因为她亲切热诚，妙语连珠的主持风格。即使是在谈到自己向老板申请加薪的事情时，言语之间，仍然透露着一种精明和聪慧。

为了那次薪资谈判，她挣扎了好多天，始终想不出该如何向她的老板开口，到了谈判的那天，她的脑中仍旧一片空白，她该怎么办呢？

谈判的那天下午，她和老板相约在某五星级饭店的餐厅喝下午茶，她们聊了很久，但只字未提加薪的事。眼看着下午茶就要结束，她陷入了焦虑，就在这时，餐厅中有位漂亮的女服务员正在为客人续杯，她走过来，礼貌地问于美人："于小姐，请问您是要加茶还是要加咖啡呢？"

这时，正陷入沉思的于美人福至心灵，对服务员说："可以加薪吗？"

服务员被她的一句玩笑话逗乐了，坐在一旁的老板听到这句委婉至极的真心话时，也大声地笑了起来。老板笑完之后，立即同意给她加薪。

读完这个有趣的故事，你一定会为于美人的聪慧而莞尔一笑吧！是的，有时候难以开口的事情不妨假借其他的事情说出来，或许会豁然开朗。这种借题发挥是一种非常幽默的化解尴尬的方法，它需要当事人根据当时特定的现实状况，即兴发挥，将原本一件非常尴尬的事圆满地化解，使之变成一件再正常不过的事情。

总之，当身为肉体凡胎的我们犯了错误的时候，就应该学着做一个聪明的、懂得说话的女人，根据眼前的情形随机应变，使事情出现可喜的转机。

【第九章】
# 拥有好口才的女人，
# 事业成就在巧言慧语间

你是否因为不会跟同事交际而苦恼？你是否在因为说话不小心得罪了上司而胆战心惊？你是否在因为不会说话拉不到客户而郁闷？如果是这样，那你就不要伤心、难过了，节省下时间认真看一下这一章节，成为一个懂得说话的"女强人"吧！

# 对"胃"下饭，
# 做一名成功的"职场主妇"

男人在职场中可以靠一瓶酒、一场球赛就与上司、同事们打下坚实的关系，但是女人自然不能像男人们这样做。那么，女人们要怎么做呢？难道就只能一辈子待在家里洗衣做饭带孩子？或是只能做一名领着微薄的薪水、看人脸色行事的小职员？其实不然，"兵来将挡，水来土掩"，女人不妨做一名职场中的"主妇"。

或许有人会感到迷惑：我们平常只听说过勤俭持家的"家庭主妇"，什么叫做"职场主妇"呢？"职场主妇"就是指在工作中，既能明白上司的所思所想，又能知道同事和下属的想法的女职员。其实，工作和生活一样，都需要用心经营。女人们只有懂得了同事和上司的想法，知道他们喜欢吃什么"菜"，就能"看人下菜碟"，做出一桌美味的"菜肴"。

燕子年轻富有活力、做事认真而灵活，进入企业不到两年，就成为了公司里的骨干，是部门里最有希望晋升的员工。一天，公司经理把燕子叫了过去："你进入公司时间虽然不算长，但看起来经验丰富，能力又强，公司开展了一个新项目，就交给你负责吧！"

受到公司的重用，燕子欢欣鼓舞。恰好这天她要带几个人到附近的城市出趟差，燕子考虑到一行好几个人，坐公交车不方便，人也受累，会影响谈判效果。打车一辆坐不下，两辆费用又太高。还是包一辆车好，经济又实惠。燕子在拿定了主意之后，却没有急于去实行，而是先去了一趟经理办公室，她要把自己的决定汇报给上司，因为她觉得这是必要的。于是，燕子来到经理办公室。"老板，您看，我们今天要出差，这是我做的工作计划。"燕子把几种方案的利弊分析了一番，接着说："我决定包一辆车去！"汇报完毕，燕子满心欢喜地等着赞赏。

但是经理却板着脸生硬地说："是吗？可是我认为这个方案不太好，你们还是买票坐长途车去吧！"燕子愣住了，她万万没想到，经理竟然不同意这样一个合情合理的建议。事后燕子大惑不解："没理由呀，只要有点脑子的人都能看出来我的方案是正确的。"

其实，问题就出在"我决定包一辆车"这句自作主张的话上。因为在上级面前，说"我决定如何"是最犯忌讳的。如果燕子换一种方式说："经理，现在我们有三个选择，各有利弊。我个人认为包车比较可行，但我做不了主，您经验丰富，您帮我做个决定行吗？"领导若听到这样的话，绝对会做个顺水人情，不仅会答应燕子的请求，还觉得自己身为经理的权威没有被侵犯，从而对燕子高看一眼，会更加器重她。

身为一名女职员，一定要知道上司和同事们的"胃"在哪里，知道他们的喜好是什么，这是非常关键的。

小红是一个典型的溜须拍马的人，公司上下都知道她的这个特点。但是，令人惊奇的是，不管是上司还是同事，抑或是下属，都非常喜欢小红，并没有因为小红"拍马屁"就讨厌她。

其实，究其根本，就是因为小红懂得说话的技巧。她虽然是在拍马屁，但是并不会让人觉得讨厌，反而会喜欢跟她说话。小红会根据性别、年龄、家庭、职位等因素来分析每个人的性格，然后对着不同的人在不同的场合说不一样的话。

譬如，小红会在每天早晨跟公司里的每一个人打招呼，然后会根据那个人的心情、穿着、状态说"你今天的裙子很配你的气质"、"今天的气色看起来很棒，你昨天一定有一个很好的睡眠"类似的话。这些话看似都是生活中的小细节，却让听到的人感到心情愉快，还不会觉得小红的话虚伪。这样聪明的女人，别人又如何不喜欢呢？

小红无疑是一个聪明的女人。她知道拍马逢迎会让人感到虚伪，但是她把这些夸奖细化到日常生活中，就会让人看起来格外真实，人们也会乐意听到这样的赞美。而且，因为会说话、懂说话，小红也赢得了一个好的人缘，让小红的工作进行得如鱼得水。

由此可知，女人要想让自己的职场生涯风生水起，就要懂得说话的技巧。但是，俗话说"巧妇难为无米之炊"，女人要想成为一名成功的"职场主妇"，除了有米，还应该了解就餐者的爱好和口味，才能做出一桌美味的佳肴。

### 1. 要给予对方充分的尊重。

人人都喜欢那些谦虚好学的温婉女子，尤其对男人而言更是如此。懂得说话的聪明女人，会把自己的想法以最佳的方式透露给领导或者同事，让他们以为这是自己想出来的办法，而不是自以为是、自作主张地做出一些不符合自己身份的决定。此外，女人还应该学会倾听和征询其他同事的意见和建议，少做一些不容辩驳的决定和争论，即使你真的认为对方是"菜鸟"，也要尊重他们。

**2.女人应该学会赞美，并与同事们保持距离。**

如果是男同事，女人的赞美能激发他的斗志和信心，能够让他感到无穷的力量；如果是女同事，来自同性的赞美会更加满足她们的虚荣心，让她们更加地喜欢你。但是，值得注意的是，同事就算关系再好，也不像学生时代的关系那样单纯，女人应该时刻保持一颗"防人之心"，以免被别人的"害人之心"所伤害。

另外，女人要学会用自己的魅力来感染同事。作为一名优秀的女职员，除了要让他人认识到你的能力外，还应该用女性特有的温婉，征服他人的心。

# 和上司说话有技巧

在如今风云诡谲的职场中，有人认为心直口快的女人不适合在职场上生存，因为她们有什么就说什么，这样容易得罪同事和上司。因此，在大部分人的认知里，女人要想让自己的事业蒸蒸日上，就应该学会迂回做人，用委婉的语气说话、办事。

然而，事实并非全然如此。每个人在职场上面对的人不同。有的上司喜欢心直口快的下属，希望她们能直接、明白地表达自己的观点，有的上司却很好面子，希望下属能在维护他面子的基础上把事情处理得更好。所以，女人在面对自己的上司时说话一定要"三思"，不能那么口无遮拦，就算是心直口快也要知道什么话该说、什么话不该说，尤其是指出上司的错误时，懂得说话的女人会斟酌自己的措辞，让上司自己认识到错误所在，并且能主动改正错误。

晓丽接到了上司的通知，说是需要她做一次会展。晓丽接到后很开心，这是她第一次独立做会展，一心想给自己的上司留一个好印象，为此干劲十足。

但是，晓丽在布置会场的过程中发现，上司传达给自己的通知和正式文件上发布的会展主题完全不一样。晓丽心想：如果我直接去找老板，不就是告诉老板他错了吗？这样一来老板肯定会感到尴尬，也

233

不利于我以后的发展。所以，我应该找个两全其美的方法。

后来，晓丽借着咨询老板一些问题的借口，拿着正式文件去找老板。晓丽故意把正式文件摊开，趁老板不注意时放在老板的桌子上，然后问完问题就离开了。过了一会，晓丽就接到老板的电话，顺利改正了这次主题。这次的会展也举办得非常顺利，晓丽也得到了老板的赞赏。

晓丽无疑是一个聪明的员工。因为她非常懂得照顾上司的面子，知道怎样做才是最好的，所以才能得到老板的赏识。这虽然看起来很简单，但是总有一些女人觉得，指出上司的错误是好事，上司怎么会不乐意？这是一种不上道的看法。被人指出自己犯了错误，谁听了都不会痛快，何况是心高气傲的上司呢？

文华的是一个非常有能力的女人，她一直觉得自己比现在的总经理有能力，自己应该做总经理的位置。但是，公司一直没有人事调动，所以她只能屈居人下。

有一次，总经理在办公室召开领导小组的会议，当时公司的高层和各个部门的人都在会议室里。总经理在上面做季度总结时，或许是因为记错了，或许是因为其他原因，不小心说错了一个非常重要的数据。文华听到后，顿时非常高兴，觉得自己的机会来了，心想：公司其他高层都在，如果指出了总经理的错误，说不定会让其他领导另眼相看。

于是，文华站起来说道："总经理，不好意思打断一下。您刚才的数据有一个说错了，应该是××，而不是××。"文华一说完，总经理的脸色就变了，然后总经理勉强笑了一下，说："最近我睡眠不好，记不清了，谢谢你的提醒。"

然而，让文华没想到的是，她不仅没有得到晋升，反而被贬到了一个没有前途的部门。文华想破头也不明白这是为什么。

文华的做法错就错在当面指出了上司的错误，给了上司一个很大的难堪，所以才会给上司留下了一个不好的印象，才会遭到贬职。其实，文华可以私下告诉上司的错误，卖上司一个人情，说不定还会让上司感恩于心。

和领导打交道是一门非常高深的学问，聪明的女人要想在职场中得到高升，要想让领导赏识自己、认可自己，就应该懂得说话的技巧，用三寸不可烂之舌俘获上司的"心"，以此来得到上司的信任和赏识。

**1. 主动找领导谈心。**

每一个团体里，都是领导占少数，队员占多数，所以，领导们不可能抽出时间来和每个人聊天，也不能正确地认识到每个人的优点和缺点。我们只有自己想办法，主动与领导进行交谈，让领导知道我们是有想法的人，是有能力的人，领导才会在合适的机会提拔我们。

**2. 对上司要端正态度。**

上司虽然决定了我们的薪资水平、职位晋升，但是这并不意味着我们就比上司低级。我们要和上司搞好关系，也不意味着我们就必须以自己的卑微来衬托领导的高大。而且，每天对上司阿谀奉承的人有很多，如果我们也这样，只会让上司觉得厌烦。所以，我们应该端正自己的态度，用不卑不亢的言谈举止来吸引领导的眼球。

**3. 和上司交谈要得体。**

我们在和上司交谈时，虽然说不用过于计较对方的身份，但也不能完全不在意。因此，我们在说话时一定要注意自己的言辞、语气，在尊重、有礼的情况下，尽量把话说得婉转动听又不失水准。同时，面对领导的批评，要虚心接受。在向上司提建议时，或者是反驳领导的观点时，一定要措辞温和，始终保全上司的面子和尊严。

**4. 切忌比领导聪明。**

有些女人确实很有才华，人缘也很好，也比自己的上司更适合这个职位。但是，再有才华的女人也要记住，只要对方在位一天，对方有权力指导你们。如果女人锋芒太露，不懂得藏拙，就会惹领导猜忌，为自己招来灾难。

# 看一个女强人
# 如何用三言两语虏获下属的心

〰〰〰

　　不管是过去还是现在，无论是为官还是下海，女性在自己的位置上都取得了不俗的成绩，但是在刚坐上高位的时候，她们还是比同职位的男人遭受了更多的非议和刁难。而她们之所以能够成功，除了有过硬的专业能力和职业素养外，也往往都有一副伶牙俐齿的好口才。她们往往能够舌绽莲花，虏获人们的心。

　　英国前首相撒切尔夫人在处理繁杂的国家事务中，十分刚强、果断、干练。但是，她在面对她的同事和下属时，从来不会对他们颐指气使，而是经常说一些鼓励人心的话，是一个非常和善、体贴的女人。

　　撒切尔夫人经常会对同事和下属嘘寒问暖，如果她的同事有人生病了或者是家中有亲人病故，她都要亲笔写信对其进行问候，甚至有时候还会亲自下厨为下属们准备晚宴。所以她的部下们都说："我们为她工作时常常到通宵达旦、废寝忘食的地步，虽然我们没有什么高额报酬，但是我们都是自愿这样尽忠尽职的。"

　　撒切尔夫人尊重下属、关心下属，换来了下属们的一片忠心。撒切尔夫人给予了自己的下属们最基本的人权和尊重。我们每个人生来都是平等的，或许在未来有贫富之分、位高位低之别，但是人权的平等不会改变。所以，无论是身为领导，还是一名小职员，都应该要求平等的对待。

某上市公司一名女性高级管理人员说过："恰恰因为是女性，往往没有太多的贪念、过多的雄心和得失心，反而在某些时候无心插柳。"女性领导与男性领导者相比，说话更加谦和，对员工比较尊重，当取得成绩时，她们会及时地赞美对方，会用"翁格玛利效应"激励下属；当员工犯了错误时，女性领导人也会用比较委婉、温和的语气指出下属们的错误所在，而不是像一些男性领导人一样苛责。因此，许多管理学家倡导管理需要女性色彩，需要女性在领导力方面表现出来的亲和力征服下属。

安娜是一个非常温和的领导。虽然，安娜很少说"我很尊重我的员工们"之类的话，她只是表现在行动上。安娜从来都没有对自己的员工大声说过话，即使是在非常生气的情况下，她也很注意员工们的感受。而且，安娜还非常关心员工们的生活，知道她们有困难时也会及时伸出援助之手，并鼓励她们勇敢面对。因此，安娜的员工们都非常喜爱她，在公司做事时也很用心，都把这当成自己的事情来做，安娜的公司也越来越好。

然而，朱莉的遭遇却和安娜正好相反。朱莉是一家大型公司的项目经理，也是一个非常有才华的人。朱莉最常挂在嘴边的一句话就是："我很尊重我的下属们，我们都是朋友。"但是，她却没有这样做。朱莉每天都忙于工作、拉拢客户、讨好上级，很少有时间去关心下属们的生活和想法。如果下属们犯了错，朱莉大骂对方是"一头愚蠢的猪"，等脾气过后，朱莉又会假惺惺地说："我没有不尊重你，我只是为了你好。"一开始还有人相信，但是久而久之，下属们就再也不相信她的谎言了。

由此可知，尊重人的方式有很多种，但是口头上的尊重不一定是真正的尊重，一定要落实到行动上。

许多男性领导对下属的工作关注较多，而对于下属的生活、情感、家庭等涉及个人方面的问题则很少考虑；而女性则不然，她们考虑得较为周全。在这样的情况下，在现代的人性化管理呼吁声越来越高的要求下，懂得说话的女性领导人也更加容易获得属下的好感。具体在说话上，主要表现在以下几个方面：

**1. 下达命令要婉转。**

女性领导人在要求下属们完成某项工作时，或者是对下属们下达一个指示时，一般都会注意自己的语气是否过度强硬，态度是否非常恶劣。每个人都喜欢别人和颜悦色地对自己说话。所以，和颜悦色发布"命令"的女性领导人更容易被下属们喜欢。

**2. 批评下属要温和。**

当下属犯错后，作为领导肯定会非常生气，也会对犯错的人进行批评和指责。但是，下属们犯错后心情肯定也会非常忐忑，此时领导如果只是一味地严厉批评，只会让下属们更加难过，甚至会产生逆反心理。因此，女性领导人在批评下属时也应该尊重下属的人权，保持一种平和的状态和心情，公正地对他们指出问题所在，并对其进行适当的鼓励和肯定，以免他们钻进牛角尖，过度否定自己。

**3. 常跟下属谈心。**

经常和下属谈心，可以了解下属们的心理活动，明白下属们的思想转变。应该经常和下属们聊天，关心他们的生活，和他们像朋友一样在私下相处，他们就会用真诚的心来回报。说不定你还会有许多意想不到的收获。

# 作为女性领导，
# 要懂得和下属说话的技巧

随着时代的发展，越来越多的女性开始进入职场、官场，希望自己能够像男人一样为事业打拼。然而，"理想很丰满，现实很骨感"，女人要想在职场上杀出重围、冠冕为王，就需要比男人付出更多的努力。

男人天生有一种征服欲，希望自己能够掌控一切。要他们在女人手下做事，他们常常感到不甘心、不服气儿。女人领导应该掌握和下属的说话技巧，及时弱化他们的这种心理。

靳羽西女士曾经被《人物》杂志称为"中国最有名的女人"，有着"中国的化妆品皇后"之称。这个集美貌与智慧于一身的女人把自己的一生都贡献给了自己的事业，她不论在国内还是在国外，都备受大家的赞赏。

靳羽西在为人处事方面深受下属、同事以及客户的一致好评，其中很大的原因就是靳羽西为人谦逊，有一个好脾气，在和其他人共事期间，不会因为对方是她的下属就"命令"对方做什么事，一直以来都是进行委婉的"建议"。例如，靳羽西女士在跟下属交流工作时，一般都不会说"你要做这个"或者"不能做那个"，而是说："你可以考虑这样做。"或者，"你认为这件事怎么样？"她总是给别人自己做事的机会，她不会要求别人应该怎么做，而是指引他们，让他们自己思考，自己找到合适的解决方法。

靳羽西女士的这种做法使得她得到了公司员工们的尊敬和喜爱，也使自己的事业发展得更好。因为靳羽西的做法不仅维护了同事们的自尊，让他们感受到了被尊重的快乐。他们的虚荣心理也得到了满足，心说："看，老板也在询问我的意见。"

心理学家认为：只有当一个人有一种被尊敬的感觉的时候，他的身心才会愉悦，这个时候也才能主动发挥出自己的积极性。由此可知，女人要想让自己在职场上顺利地统帅自己的士兵，开拓自己的疆土，做一名功成名就的"巾帼英雄"，就应该懂得说话的技巧。

作为女性领导，虽要尊重同事、下属，但是这并不意味着就要委曲求全。八面玲珑的女人在工作时懂得照顾好自己，既不会让别人欺负自己，也不会得罪别人，而是深刻明白"在夹缝中求生存"的道理。

安舒芬自小就是个软和的性子，最怕自己惹别人不高兴，得罪别人。毕业后，安舒芬进了一家银行工作。由于安舒芬表现积极、良好，脾气又十分好，不跟别人争来争去，2年后，银行来了新人后，就让安舒芬带了2个人。

刚开始，这两个新人还对安舒芬十分恭敬，每天"师父"长、"师父"短地叫着，弄得安舒芬十分不好意思，就对他们说："你们不用这样叫我，太不敢当了。再说了，我除了比你们早来几年，并没有比你们强到哪里去。"

后来，这两个新人发现安舒芬确实是个没脾气的人，很好糊弄，而且即使不小心在工作上出了错，安舒芬也是不痛不痒地说他们几句，甚至还会帮着他们遮掩。结果，越到后来，这两个人就越来越随便，也不再叫"师父"了，还经常开安舒芬的玩笑，对安舒芬说的话也不听了。安舒芬在他们两个面前真是一点威严也没有了。

我们经常说"宽严相济"，说的就是这个道理。安舒芬只知道宽容，不知道严加管教，甚至自己都不注重自己的威严，结果让这些"小鬼儿"骑到了自己的头上。懂得说话技巧的女人，不仅能说到对方的心里，还能让对方听话。由此可知，要做职场中的"花木兰"，就应该做到以下几点：

**1. 位高更加应该懂得尊重。**

有些女人爱慕虚荣，久居高位之后就喜欢颐指气使，为的是显示、维护自己的威严。其实，一个人是否有威严，是否能受到别人的尊重和敬畏，并不体现在下达命令上。

所以，聪明的女人要记住：建议永远都比命令好。即使你们是长辈，即使你们拥有绝对的权威，即使犯错的是对方，也不能随意地命令、指责他人，否则不仅不能让事情得到有效的解决，反而会使事情变得越来越糟糕。

**2. 用赞美来代替批评。**

生活中有些女人喜欢唠叨、批评、指责别人的不是，虽然大部分都是为了对方好，但是有时候说出来的话却很伤人心。因此，聪明的女人要学会包容，学会用赞美来代替批评。

# 女人要像"宝姐姐"，
# 说话懂得藏拙

《红楼梦》中有"群芳之冠"之称的薛宝钗，被认为是大家闺秀的典型代表。她既有"腹有诗书气自华"的雅致和修养，又有"好风凭借力，送我上青云"的志向和风范。她更是红楼众多女子中最懂得世故人情、仕途经济的女中豪杰。书中的宝钗没有凤姐一样能说会道、绵里藏针的嘴巴，也不像黛玉一样牙尖嘴利、得理不饶人。她深谙藏拙的道理，说话始终是不温不火的。这才是真正的大智若愚。

其实，在职场中，女人在同事和上司面前，就应该像宝姐姐一样会说话，懂得"藏拙"。或许有些女人认为，就应该把自己的优势尽量展示给大家看，这样别人才会看到我们的价值所在，我们才能够在事业上取得成功。话虽如此，但是人人都有好胜心。如果有些女人表现得太优秀，一些领导看到固然会感到高兴，但是也会有一些领导觉得你已经构成了威胁，因此而让你"穿小鞋"。

而且，女人在职场上并不是只和上司打交道，有大部分的时间反倒都在跟同事来往。俗话说："小鬼难缠。"如果有些女人表现太优秀，其他一些同事难免就会嫉妒，做出一些不利于我们的举动。所以，初入职场，女人不要把话说得太满，也不要吹嘘、炫耀什么，而是要学会藏拙。

《红楼梦》中第五十六回，薛宝钗和贾探春共同管理贾府，但是薛宝钗当时只是一个客居在贾府的客人，她要管家肯定有许多人不服。但是她一开始说的一番话，明显让众人消除了对她的敌意和戒心。

和王熙凤一样，薛宝钗深知管人是要讨人嫌的，但是她又不同于王熙凤的泼辣狠厉，而是温和地说了一段话："我本也不该管这事。就你们也知道，我姨娘亲口嘱托我三五回，说大奶奶如今又不得闲，别的姑娘又小，托我照看照看。我若不依，分明是叫姨娘操心。我们太太又多病，家务也忙。我原是个闲人，就是街坊邻居，也要帮个忙儿，何况是姨娘托我？讲不起众人嫌我。倘或我只顾沽名钓誉的，那时酒醉赌输，再生出事来，我怎么见姨娘？"

薛宝钗这一番情真意切却又无可奈何的一段话，恰好证明了自己一个客居之人，是无心管理贾府的，同时又告诉别人自己是受贾府的二太太几次三番的嘱托。这样的说辞既能让别人知道她答应管理贾府实属无奈，不是贪恋权力，又让人知道她背后有人撑腰，不能随便让人小看。这一番话真是说得够水平。

或许有女人会觉得宝姐姐是小题大做，只要手上有权，只要表现出自己的优秀，只要让贾府的主要领导人看到了自己的努力和表现，那自己要想获得贾府众人的喜欢有何难的？又何必去在乎一些丫鬟婆子的看法呢？其实，真正经历过职场生涯的女人，都不会存有这样简单的看法。

一位女研究生毕业后到一家公司面试。刚开始，她凭着自己卓越的办事能力和出色的外表很快就被一家公司录用了。上班初期，她也很受公司领导人和同事们的欢迎。但是，令人意想不到的是，不到2个月，她就明显感到同事们对她冷淡了很多。这位女研究生察觉到后，做了很多讨好的事情，说了很多讨好的话，但是情况还是没有好转。为此，这位女研究生感到非常苦恼和费解。

后来，她向一位公司里的老员工请教，这位老员工说出了缘由。原来，由于这名女研究生是她们部门学历最高的，平时说话时偏喜欢用一些专业术语，短时间内还好，时间长了，其他同事就会觉得她是在显摆自己。部门领导也是如此，他是大专学历，本来就比较讨厌光说不练、只会耍嘴皮子的人，如今这名女研究生动不动就是一些专业术语，这让他非常反感。所以，女研究生才会受到冷落。

这名女研究生就是不懂得淡化自己的优势，隐藏自己的光芒，才会让自己受到公司其他人的排斥与冷遇。没有人希望自己比别人差，如果公司新来了一个同事不停地炫耀自己的优点和才华，总说一些别人不知道的专业术语，这肯定会让别人感到不舒服。

古语有云："人之恶在于好为人师。"人们都有这样的劣根性，喜欢教导别人。然而，女人若是希望自己能够在职场上风生水起、节节高升，就应该试着做一个巧言慧语的女人，掌握以下几个说话技巧。

**1. 淡化自己的优势。**

即使你真的比同事们强，也要学会"装迷糊"，懂得掩饰自己的光芒。

**2. 以人为师，少说为佳。**

女人要学会控制自己的嘴，不要为了面子和虚荣心就一直夸耀自己，而是应该懂得"谦虚"的学问。此外，聪明的女人都懂得"不耻下问"的道理，会故意显露自己的"无能"，不觉得向别人求助是一件非常没面子的事情。在向别人求助的过程中，既能够让他人做一次老师，让其有一种心理满足感和被尊重感，又能密切你们的关系，从而让你的职场生涯更加顺利。

当然，女人在自曝劣势时要有选择，不能让上司或者是同事产生"这个女人有些傻"、"公司为什么会找这样的笨女人"等念头。如果一个女人太"蠢"，同样也会让同事们感到反感。

# 会说话的女人，
# 是男人工作上的好搭档

美国一家杂志在2009年的时候做了一个调查，发现有70%的男人不喜欢和女人一起做事、工作。问及原因，一是因为大部分男人都觉得女人非常容易感情用事，不能理智、公正地对待工作；二是因为女人耳根比较软，比较容易被别人的说辞打动，然后答应一些不利于自己利益的事情；三是因为女人的琐事比较多，跟她们一起做事耗费的时间也比较多。

其实这些说法也未必妥当，事实证明，女人纵然有这些无伤大雅的小毛病，但是一旦她们认真工作起来，尤其是能力出众、能说会道的女人，就会成为男人在工作上的好搭档，甚至比男人表现得更出色。

在主持界，小S和蔡康永绝对是一对好搭档。他们两个主持风格并不一样，却恰恰能够互补，这也是他们主持的节目《康熙来了》多年以来在国内能够一直受欢迎的重要原因之一。

大家都知道，小S一玩起来就比较疯狂，而且说话也毫无顾忌，常常是想说什么就说什么，哪怕是一些会让人感到尴尬、难堪的私密问题也会随口而出，有时会弄得节目里的嘉宾下不来台，不知道该如何做出回答。这个时候，蔡康永就会出来救场，把脱离正轨的谈话给拉回来，以免节目难以做下去。

或许有人会问："这样的话，蔡康永不是很费劲？既要主持节目，又要帮小S救场，这也太劳心劳力了吧？"其实，蔡康永并不这样想，他曾经说过："小S虽然闹起来很疯，但是她其实有自己的想法。而且，如果不是小S在这问一些比较'新'的问题，单是我在那儿一味正经地发问，我们的节目也不可能这么久还受欢迎。"

从小S和蔡康永的例子中，我们了解到，前面说的"会说话的女人是男人的工作中的好搭档"并不意味着女人就只会说好话、漂亮的话，而是要女人学会"在恰当的人面前说恰当的话"，这样才能让彼此之间的合作达到一个优良的效果。

什么叫做"在恰当的人面前说恰当的话"？简而言之，就是指女人要懂得在不同性格的人面前、在不同的背景下说不同的话，既能演"黑脸"，也能唱"红脸"，最终为自己或是团队带来最大的利益。

一家公司最近推出了一系列的新产品，所以一直在找销售商进行合作。这次负责推销商品的是销售部门的露西和小鹏，他们一早就联系上了一个大的经销商，希望能说服他与他们公司进行合作。

在去找那个经销商进行谈判之前，露西和小鹏就四处托人打听他的性格、兴趣和爱好。露西和小鹏了解到这位经销商是白手起家，从年轻的时候开始慢慢打拼，才有了今天的成绩；而后又知道经销商有一个儿子，考上了重点大学，他个人还非常喜欢舞文弄墨，颇有些文人骚客的清高和风雅。

于是，露西和小鹏在登门拜访的时候，并没有拿什么贵重东西，而是很随意地拿了些水果篮就过去了。到了经销商的家里，闲聊几句后，露西就装作不经意地提到了墙上挂着的那幅画，还一个劲儿地说："这是谁的墨宝啊？画得可真好，栩栩如生。"经销商一听就很兴奋，虽然嘴上说"承蒙夸奖"，但是笑得很开心。然后，露西就说小鹏是个"武夫"，不通文墨，最近正要拜师学艺，修身养性，可是一直没有合适的老师。然后，露西就提出让经销商指点小鹏的建议，经销商一口答应了。

后来，露西和小鹏就像是周瑜和黄盖，一个愿打，一个愿挨，在经销商面前演了一出好戏，把经销商说得很开心，于是就答应了他们的请求，同意为他们代理新产品。

老话说："男女搭配，干活不累。"既然这种说法流传开来，就说明是有一定道理的。可是，女人们在工作时应该怎么说话，才能让自己的工作搭档满意呢？要想和搭档在合作时产生最佳的效果，就应该对搭档有一定的了解，这样才知道自己在合作的过程中应该扮演什么角色、说什么样的话。

有些女人和同事们相处熟悉了之后，在说话时就会越来越随意，殊不知这样做会招惹别人的厌烦。女人要记住，有些话最好在自己的同事面前少说。例如，"我不是这样跟你说了吗"、"明明就是我说的对"……这些主张自己最正确、最正当的话，会让自己在男人眼里显得"很不可爱"。

俗话说："女人的衣柜里不止一套衣服。"说话也是一样。女人应该掌握多种说话方式，或温婉动听，或严肃认真，或知心暖心。然后对号入座，在不同的环境中，面对不同的人，说不同的话，尽量让彼此的合作更加愉快。

# 放低姿态，让客户获得成就感

众所周知，客户对一家企业的发展是非常重要的，尤其是一些大客户。因此，职场上的女人都深谙"低头做人"的道理，她们在与客户进行谈判时，为了公司的利益，为了自己的业绩，免不了在言谈间会放低自己的姿态，尽量让客户得到最大的满足感。

在面对客户时之所以要放低姿态，说些好听的恭维话，是因为人人都有虚荣心，都喜欢听到别人的夸奖，尤其是来自女性的夸赞。这个时候，即使明知道人家只是在给自己"戴高帽"，但是只要这顶帽子戴得巧妙，仍然会让被夸奖的人心花怒放、笑逐颜开。这样一来，客户的心情舒爽了，合作起来也容易多了。

徐莉莉是一家汽车配件公司销售部门的经理，她在这家公司上班已经有5年了，有着很强的业务水平和工作能力，非常受上司的赏识。或许有人会觉得，既然徐莉莉已经是部门经理了，那么她就不用再亲自"低三下四"地去拉客户了，只需要指使手下就可以了。可是，实际情况并不是这样。

徐莉莉不仅一直自己去找客户，而且在客户面前（无论这个客户是大是小），永远都不会摆一副经理的架子，她一直保持着一种温声细语、礼貌有加的语气和姿态。甚至，每逢节假日，不论那些合作过的客户是否还记得自己，她都会送上一份小小的祝福给对方。这使得客户们与她的关系都非常好，一有订单就会来找她。

徐莉莉就是一个非常懂得"低调做人"的理性女人，她聪明地看透了客户与自己、与公司之间的利益和关系，能够始终保持谦虚的态度，以低姿态来办事，满足了客户的虚荣心，才能让客户一直愉快地与她合作。

因此，女人在与客户进行交往时，一定要学会如何与客户说话。有些时候，女人适当放低自己的姿态，用更加谦逊的语气说话，会让客户的自尊心得到很大的满足，也比较容易获得别人的尊敬、认同和支持。这就像我们在生活中遇到一个很低的门，我们需要走过去，如果仍然是昂首挺胸地走，肯定要撞得头破血流；这时候最明智的做法就是弯一下腰、低一下头，让自己比那门还要低，这样就可以顺利地走过去了。

有一位女博士毕业于世界名校，成为了一个著名外企的高层职员。由于这位女博士从小到大在各方面都很优异，这使得她成为了一只高傲的孔雀，觉得没有人能够与之匹配。她在工作时也处处透露着一种"我最优秀，谁也不如我"的信息。她甚至给客户造成这样一种印象："她太傲气了，好像跟她合作是一种荣耀似的"。所以她虽然专业能力过硬，但在业绩上也没有什么突出之处。

这位女博士很是苦恼，在她的想法中，自己应该是万众瞩目的对象，不明白为什么许多客户都不想跟她合作。她的朋友建议，说她在和客户进行会谈的时候，不妨把姿态放低一些，以平和、谦虚的心态与客户沟通。

她仔细考虑过后，觉得这是一个可行的建议。她这样做过几次后，客户就发现她说出来的话、提出来的办法都很专业。这位女博士这才说明自己是博士学位，并说明了自己这样做的原因，结果深得那些客户的赞赏。此后女博士的职场生涯一片光明。

就像网络上流传的关于"女博士相亲，以本科学历欺瞒男方"的故事一样，没有谁喜欢对方比自己强，尤其是一个女人，有时候姿态过高，说出的话过于强势，只会让别人感到有压力和反感。

"当坚硬的牙齿脱落时，柔软的舌头还在；柔软胜过坚硬，无为胜过有为"，我们每个人都有自己的优势，而在我们实力不足的领域之中，就需要别人的帮助以解决自己的问题。正如找医生看病要付钱一样，我们请别人办事，就要付出自己的面子——这是你向对方显示低姿态的一种具体的代价。

所以，有时有必要说一些恭维之辞，保持适当的低姿态。有一些性格刚烈的女人需要明白，这绝不是懦弱和畏缩，而是一种聪明的处世之道，是人生的大智慧、大境界。

当然，我们去求别人，并不代表着别人比我们更有价值，或者别人比我们更有尊严。这只说明：在我们要办的这件事上，别人由于种种原因比我们有更多的主动权。因为主动权操之于人，所以我们要表现低姿态，这样对方才能答应我们提出的一些请求。所以，女人应该正确地看待这个问题。

值得注意的是，并不是所有的低姿态都会让客户有成就感，不适当的低姿态会让客户心生反感，觉得你没有气节。所以，在职场上玩转得风生水起的女人大都懂得"要想钓到鱼，就要学会像鱼那样思考"，知道什么时候用低姿态办事，什么时候"威武不能屈"，才能确保自己的利益诉求得以实现、满足。